Kakuro For Kids Mixed Grids

Volume 1

Kakuro For Kids
Mixed Grids
Volume 1

Nick Snels

PuzzleBooks.net

Latest books in the Kakuro For Kids series

1 - Kakuro For Kids Mixed Grids

At http://www.puzzlebooks.net you find other books and e-books for kids with puzzles like Jigsaw Sudoku, Wordoku, Killer Sudoku, Kakuro, Futoshiki, CalcuDoku and Binary Puzzles.

http://www.puzzlebooks.net

Contents

How to play Kakuro

1. Possible numbers are 1 to 9 for all possible grid sizes

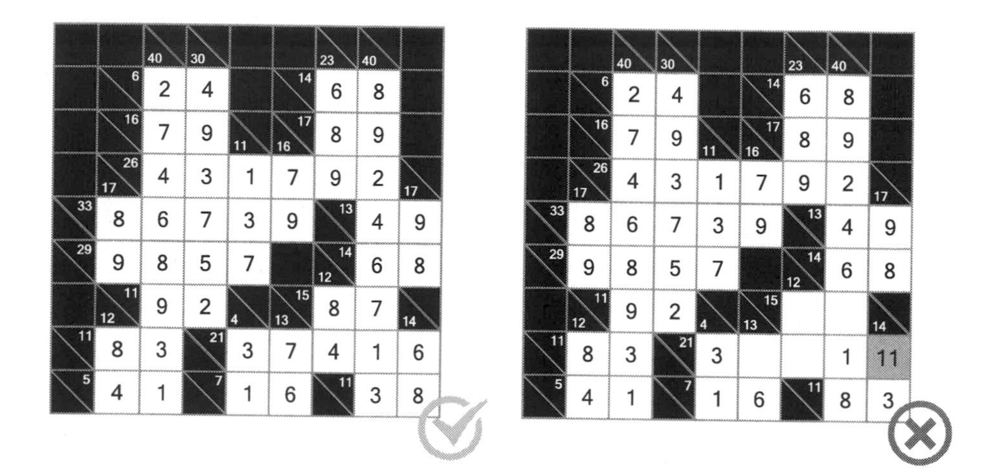

2. Sum of each horizontal block must equal the clue on its left

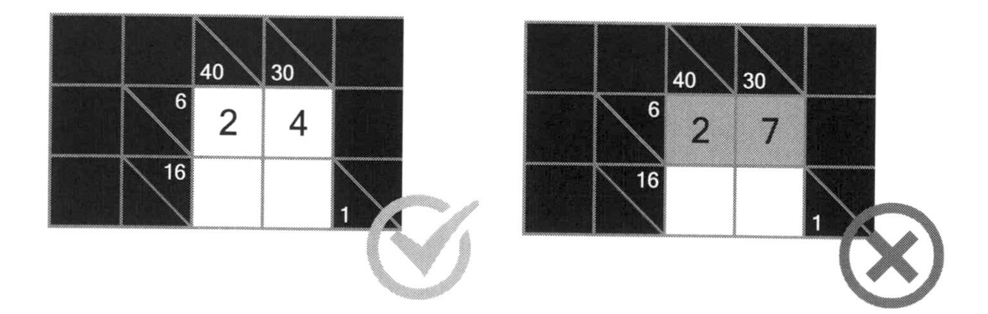

3. Sum of each vertical block must equal the clue above it

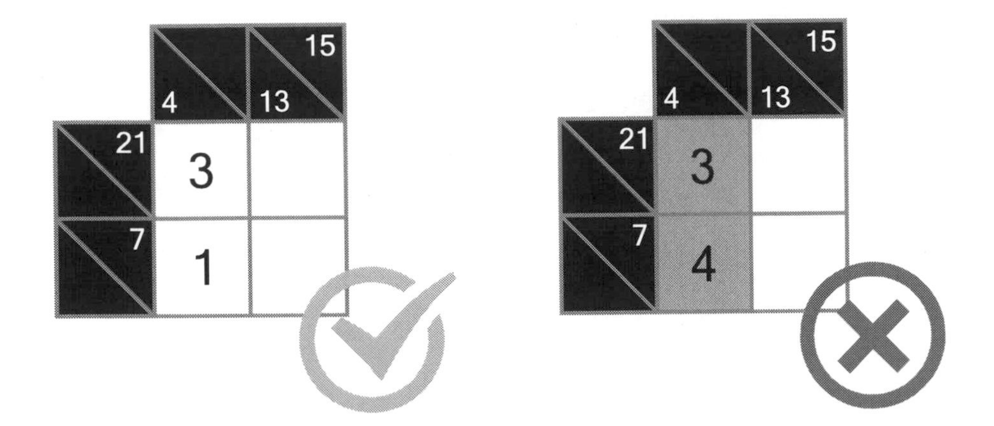

4. You can only use a number once in each horizontal or vertical block

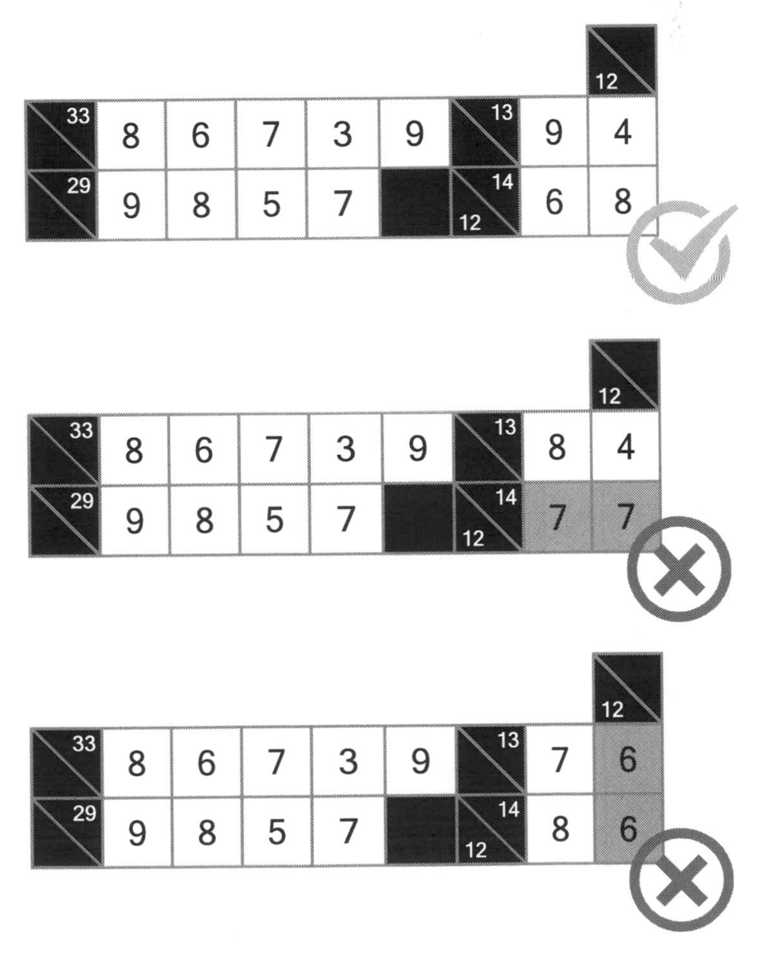

Kakuro total tables

The following tables list the possible combinations for various sums.

2 cells

```
 3: 12
 4: 13
 5: 14 23
 6: 15 24
 7: 16 25 34
 8: 17 26 35
 9: 18 27 36 45
10: 19 28 37 46
11: 29 38 47 56
12: 39 48 57
13: 49 58 67
14: 59 68
15: 69 78
16: 79
17: 89
```

3 cells

```
 6: 123
 7: 124
 8: 125 134
 9: 126 135 234
10: 127 136 145 235
11: 128 137 146 236 245
12: 129 138 147 156 237 246 345
13: 139 148 157 238 247 256 346
14: 149 158 167 239 248 257 347 356
15: 159 168 249 258 267 348 357 456
16: 169 178 259 268 349 358 367 457
17: 179 269 278 359 368 458 467
18: 189 279 369 378 459 468 567
19: 289 379 469 478 568
20: 389 479 569 578
21: 489 579 678
22: 589 679
23: 689
24: 789
```

4 cells

10: 1234
11: 1235
12: 1236 1245
13: 1237 1246 1345
14: 1238 1247 1256 1346 2345
15: 1239 1248 1257 1347 1356 2346
16: 1249 1258 1267 1348 1357 1456 2347 2356
17: 1259 1268 1349 1358 1367 1457 2348 2357 2456
18: 1269 1278 1359 1368 1458 1467 2349 2358 2367
2457 3456
19: 1279 1369 1378 1459 1468 1567 2359 2368 2458
2467 3457
20: 1289 1379 1469 1478 1568 2369 2378 2459 2468
2567 3458 3467
21: 1389 1479 1569 1578 2379 2469 2478 2568 3459
3468 3567
22: 1489 1579 1678 2389 2479 2569 2578 3469 3478
3568 4567
23: 1589 1679 2489 2579 2678 3479 3569 3578 4568
24: 1689 2589 2679 3489 3579 3678 4569 4578
25: 1789 2689 3589 3679 4579 4678
26: 2789 3689 4589 4679 5678
27: 3789 4689 5679
28: 4789 5689
29: 5789
30: 6789

5 cells

15: 12345
16: 12346
17: 12347 12356
18: 12348 12357 12456
19: 12349 12358 12367 12457 13456
20: 12359 12368 12458 12467 13457 23456
21: 12369 12378 12459 12468 12567 13458 13467 23457
22: 12379 12469 12478 12568 13459 13468 13567 23458
23467
23: 12389 12479 12569 12578 13469 13478 13568 14567
23459 23468 23567
24: 12489 12579 12678 13479 13569 13578 14568 23469
23478 23568 24567
25: 12589 12679 13489 13579 13678 14569 14578 23479

23569 23578 24568 34567
26: 12689 13589 13679 14579 14678 23489 23579 23678
24569 24578 34568
27: 12789 13689 14589 14679 15678 23589 23679 24579
24678 34569 34578
28: 13789 14689 15679 23689 24589 24679 25678 34579
34678
29: 14789 15689 23789 24689 25679 34589 34679 35678
30: 15789 24789 25689 34689 35679 45678
31: 16789 25789 34789 35689 45679
32: 26789 35789 45689
33: 36789 45789
34: 46789
35: 56789

6 cells

21: 123456
22: 123457
23: 123458 123467
24: 123459 123468 123567
25: 123469 123478 123568 124567
26: 123479 123569 123578 124568 134567
27: 123489 123579 123678 124569 124578 134568 234567
28: 123589 123679 124579 124678 134569 134578 234568
29: 123689 124589 124679 125678 134579 134678 234569
234578
30: 123789 124689 125679 134589 134679 135678 234579
234678
31: 124789 125689 134689 135679 145678 234589 234679
235678
32: 125789 134789 135689 145679 234689 235679 245678
33: 126789 135789 145689 234789 235689 245679 345678
34: 136789 145789 235789 245689 345679
35: 146789 236789 245789 345689
36: 156789 246789 345789
37: 256789 346789
38: 356789
39: 456789

7 cells

28: 1234567
29: 1234568
30: 1234569 1234578
31: 1234579 1234678

32: 1234589 1234679 1235678
33: 1234689 1235679 1245678
34: 1234789 1235689 1245679 1345678
35: 1235789 1245689 1345679 2345678
36: 1236789 1245789 1345689 2345679
37: 1246789 1345789 2345689
38: 1256789 1346789 2345789
39: 1356789 2346789
40: 1456789 2356789
41: 2456789
42: 3456789

8 cells

36: 12345678
37: 12345679
38: 12345689
39: 12345789
40: 12346789
41: 12356789
42: 12456789
43: 13456789
44: 23456789

9 cells

45: 123456789

1

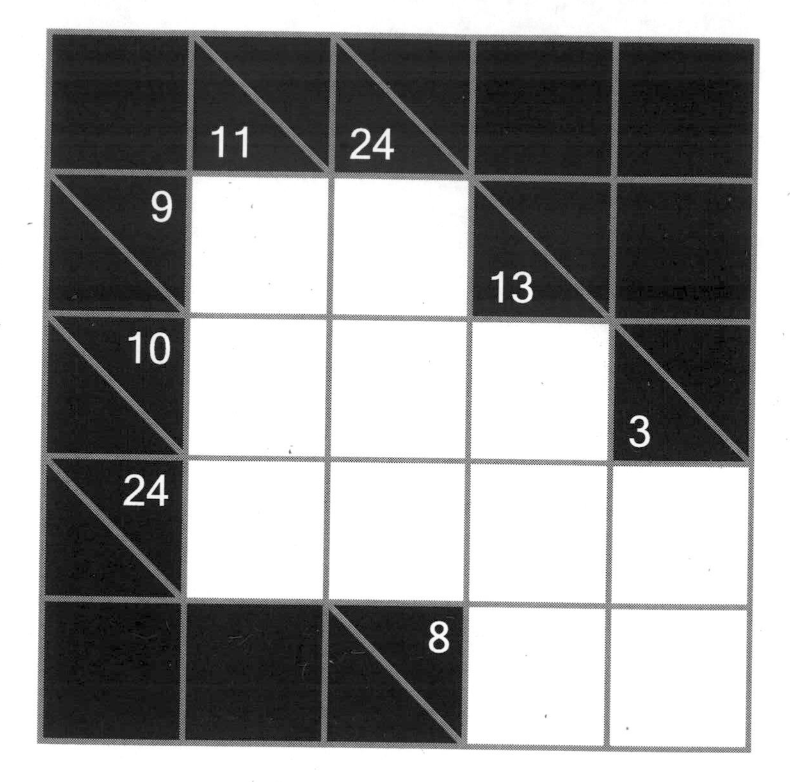

2

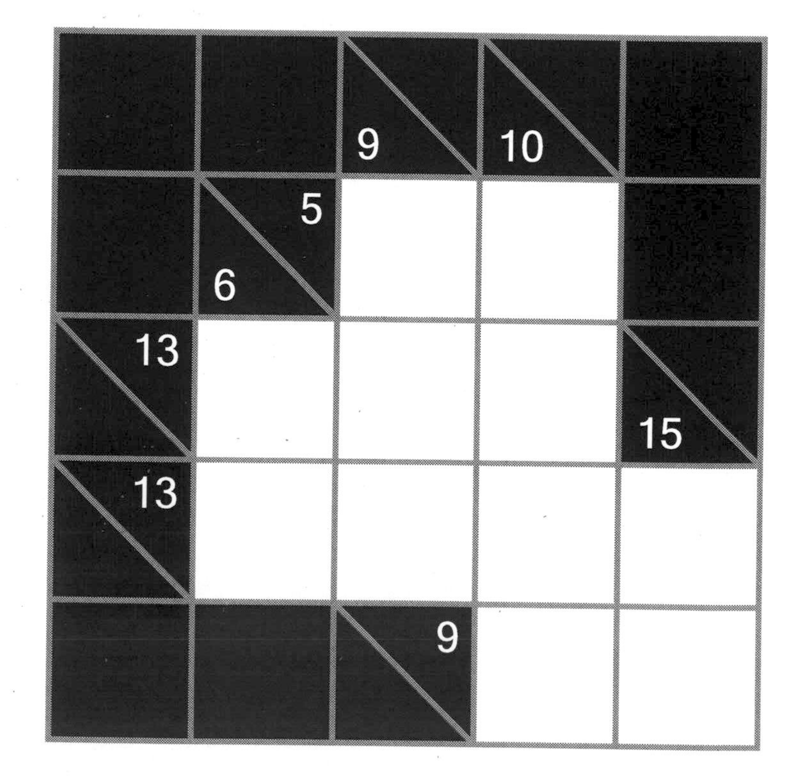

3

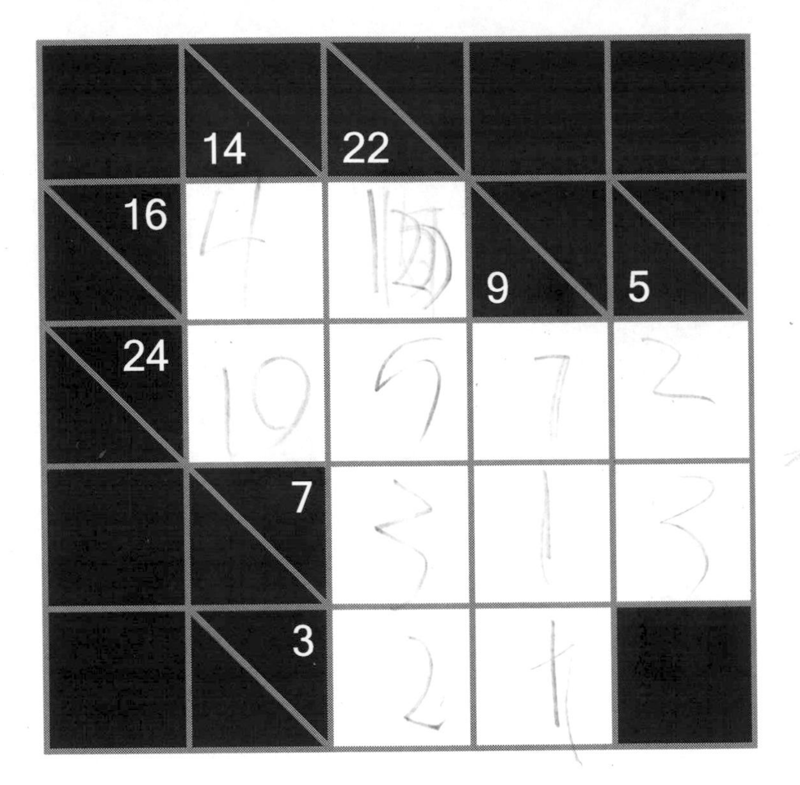

4

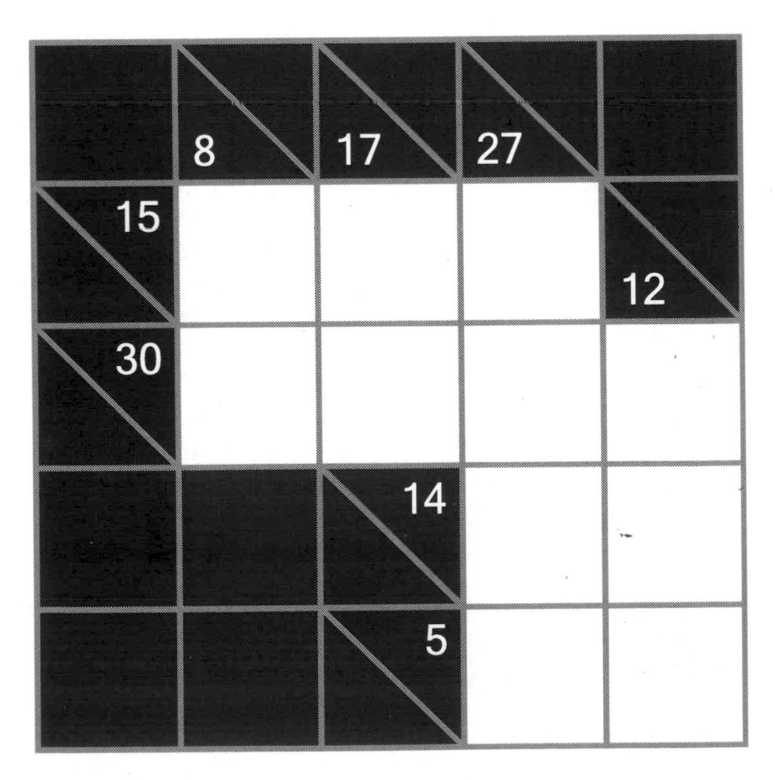

5

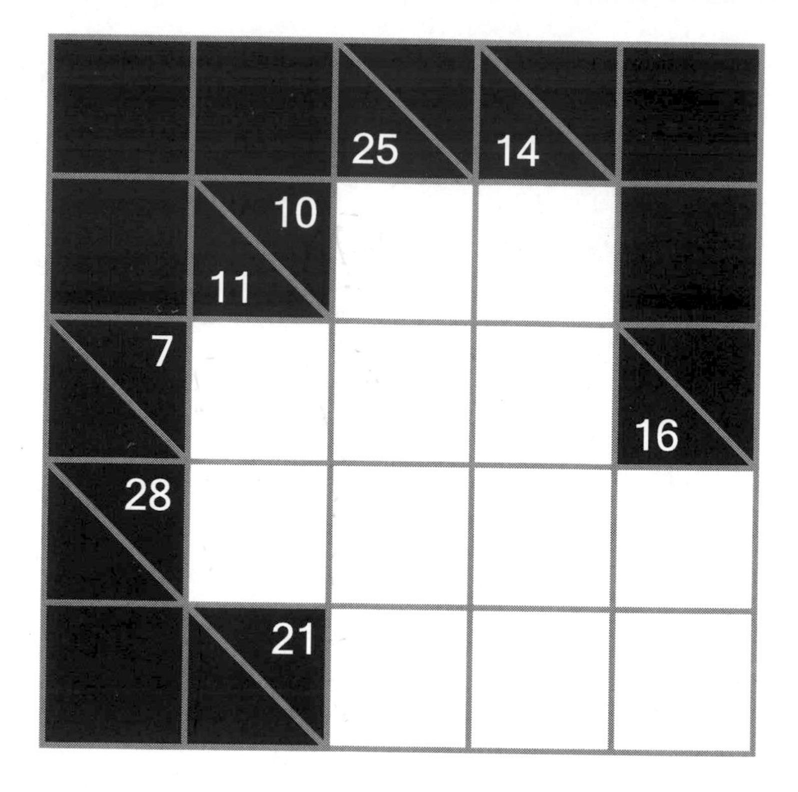

6

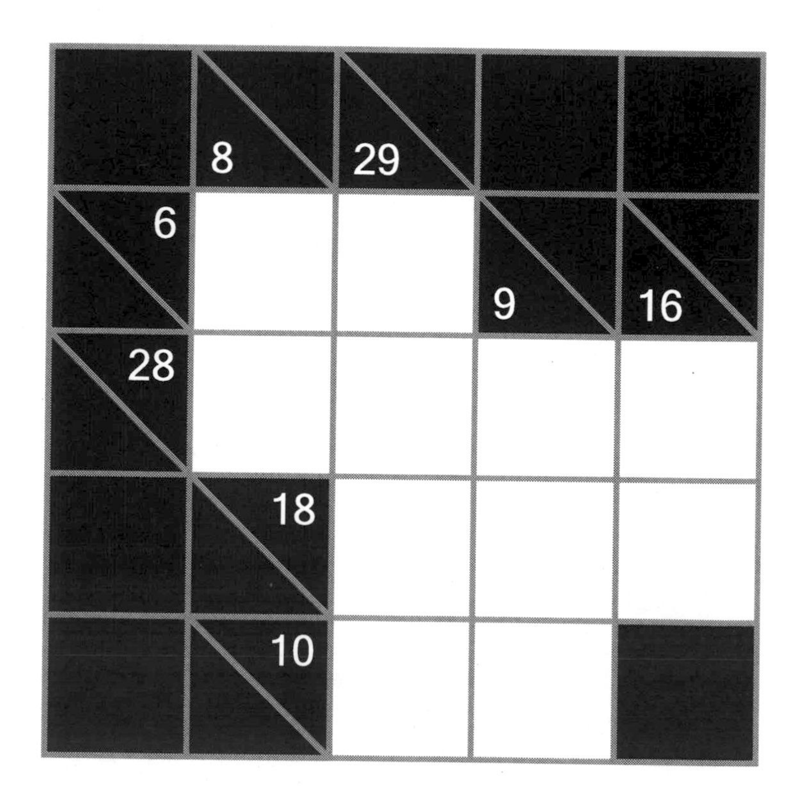

7

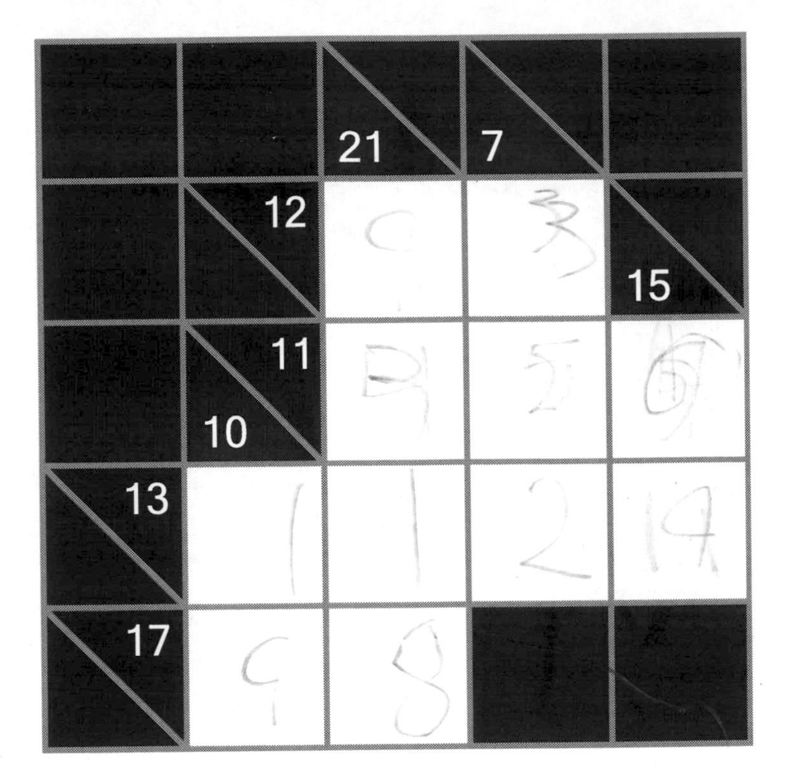

8

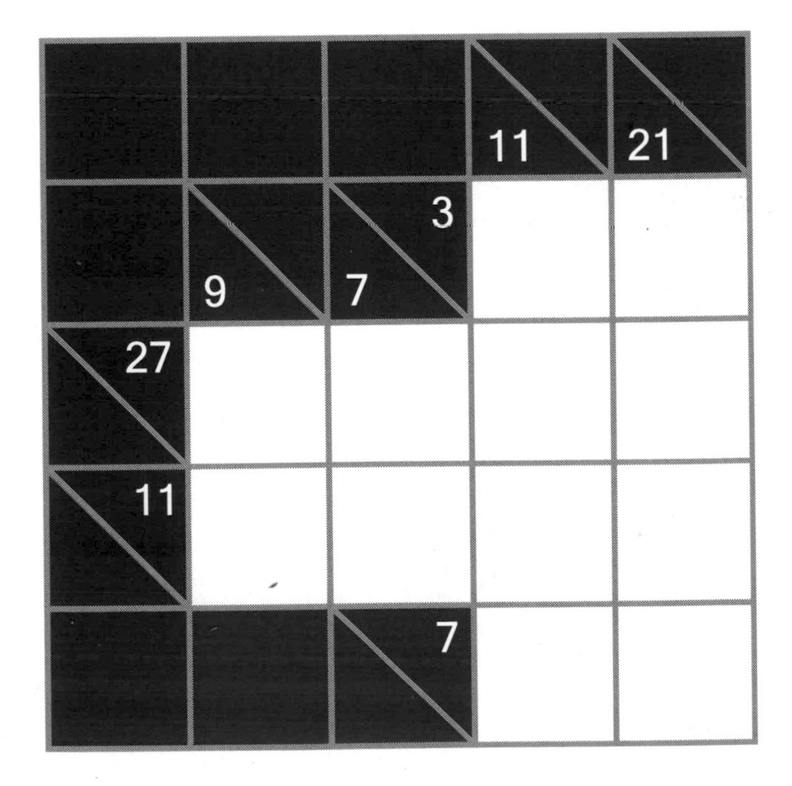

9

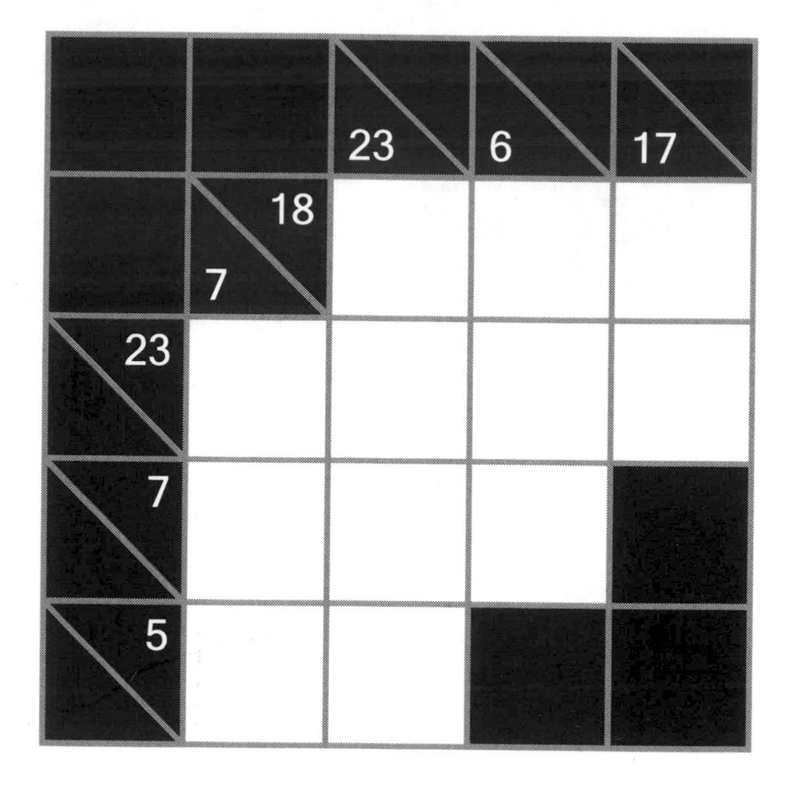

10

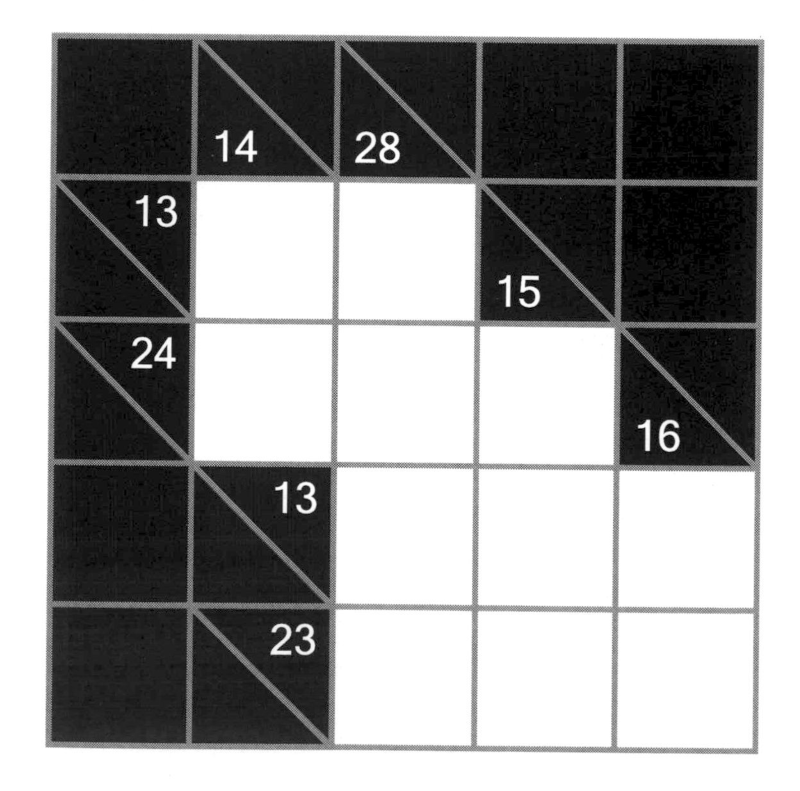

11

		15	27	
	17			7
	7 13			
27				
11				

12

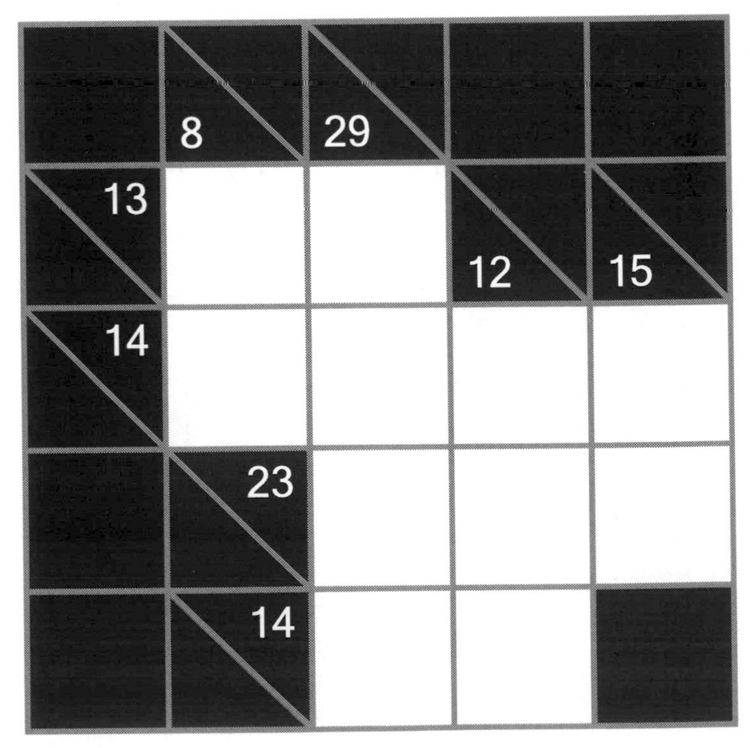

13

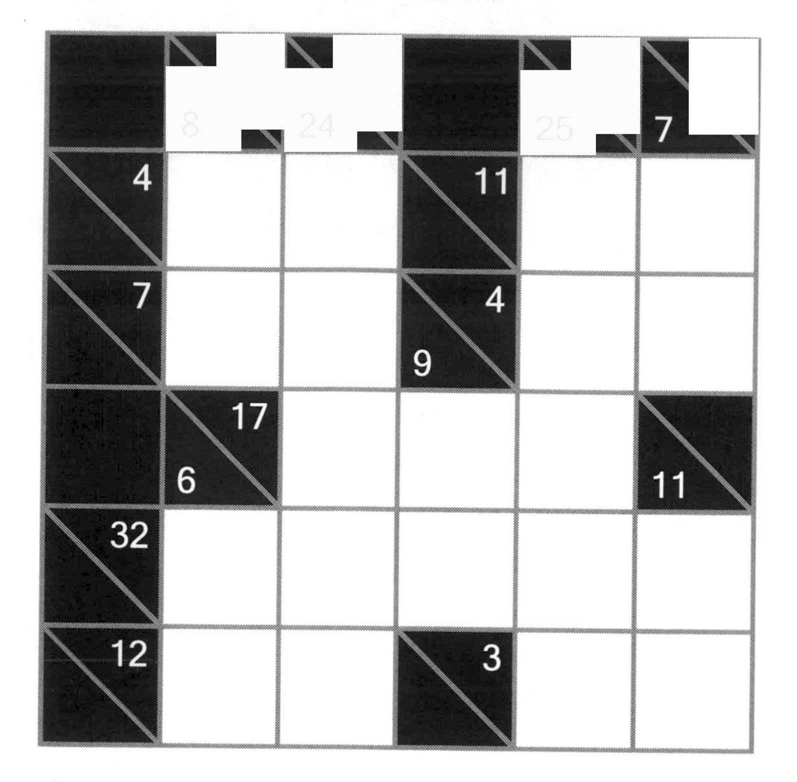

14

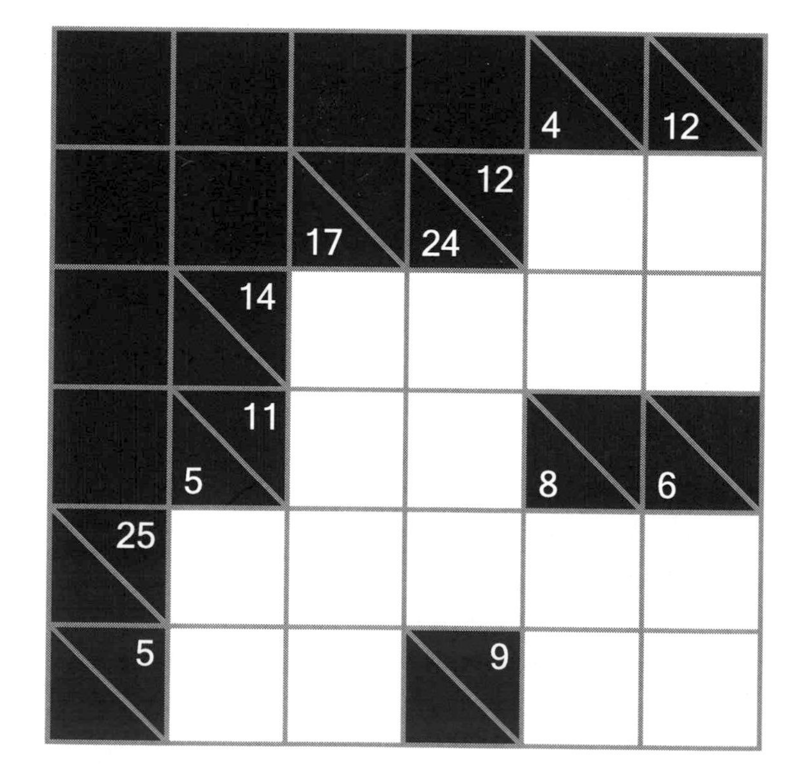

15

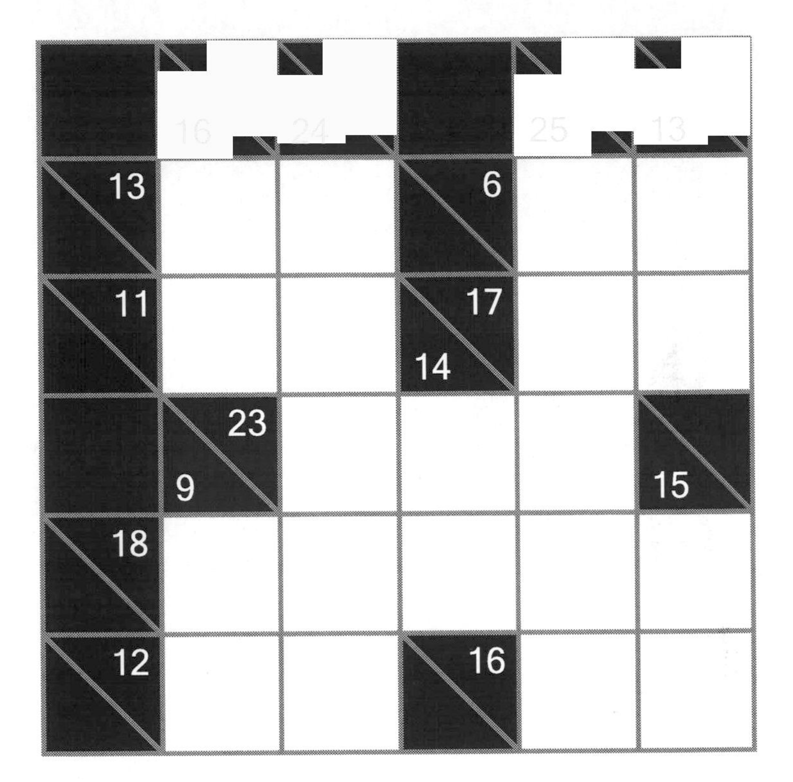

16

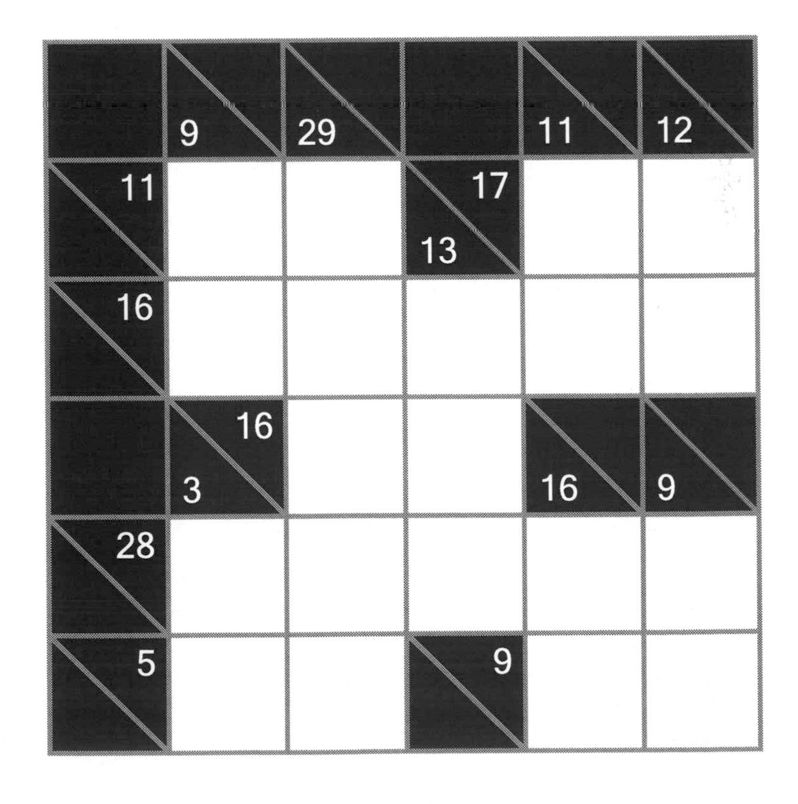

17

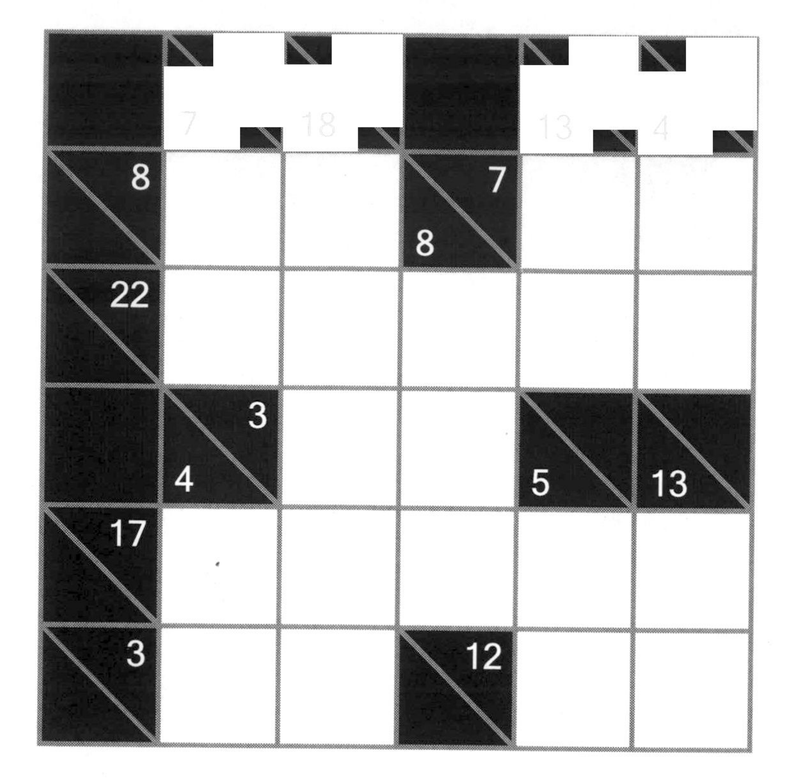

18

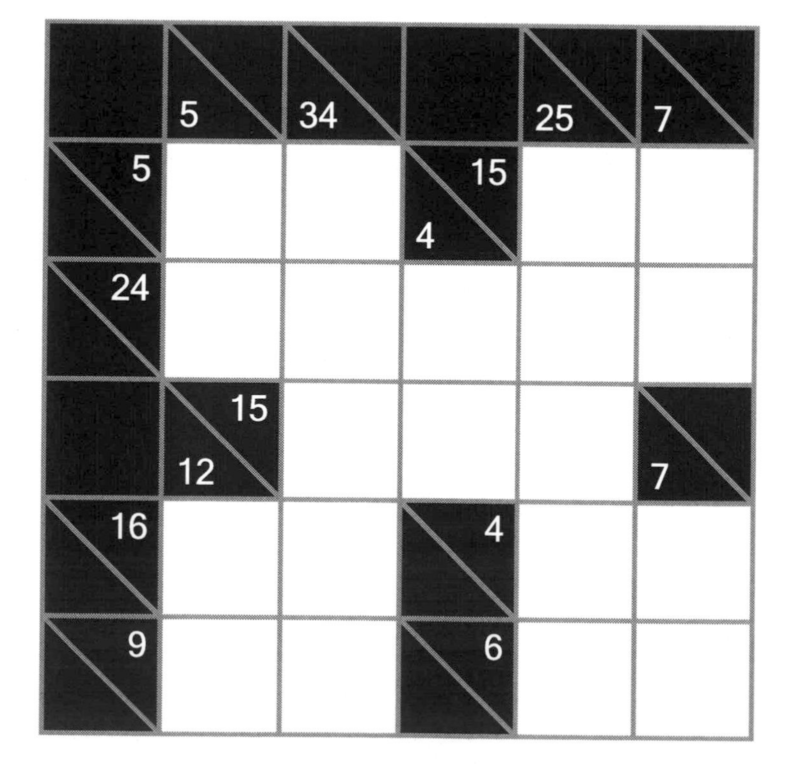

19

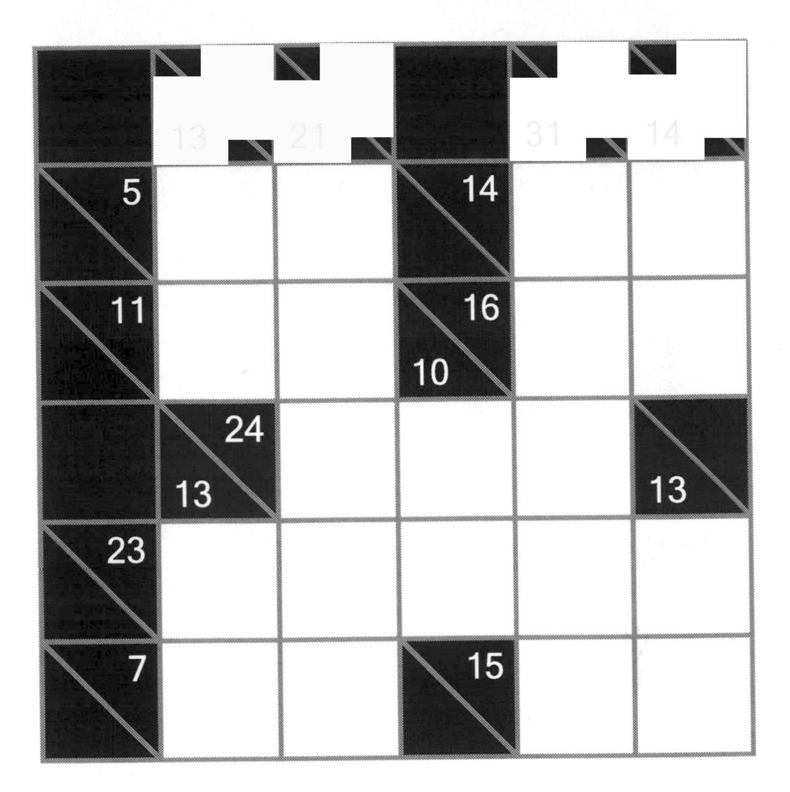

20

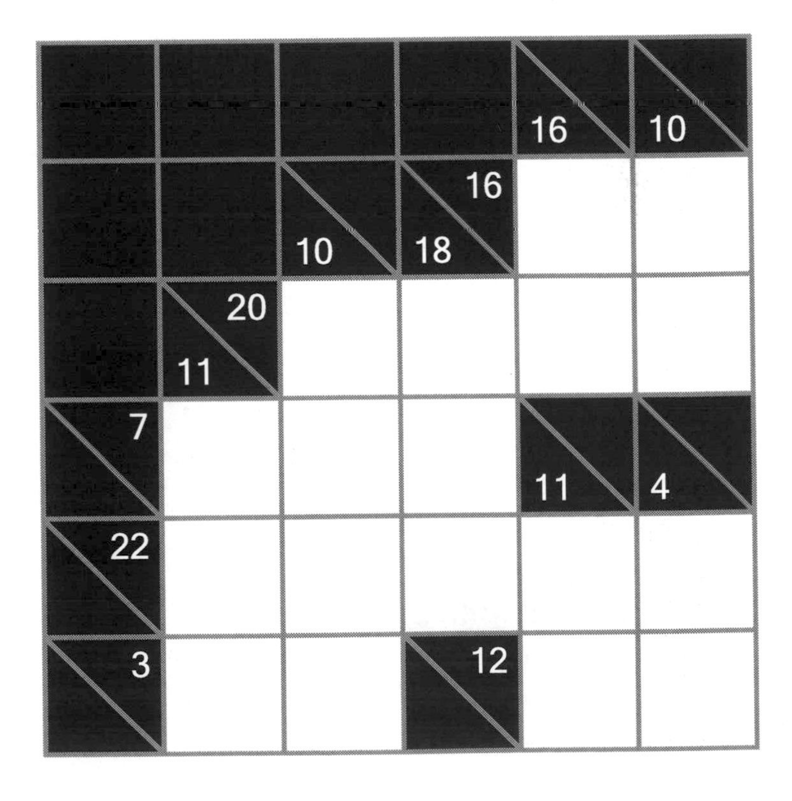

21

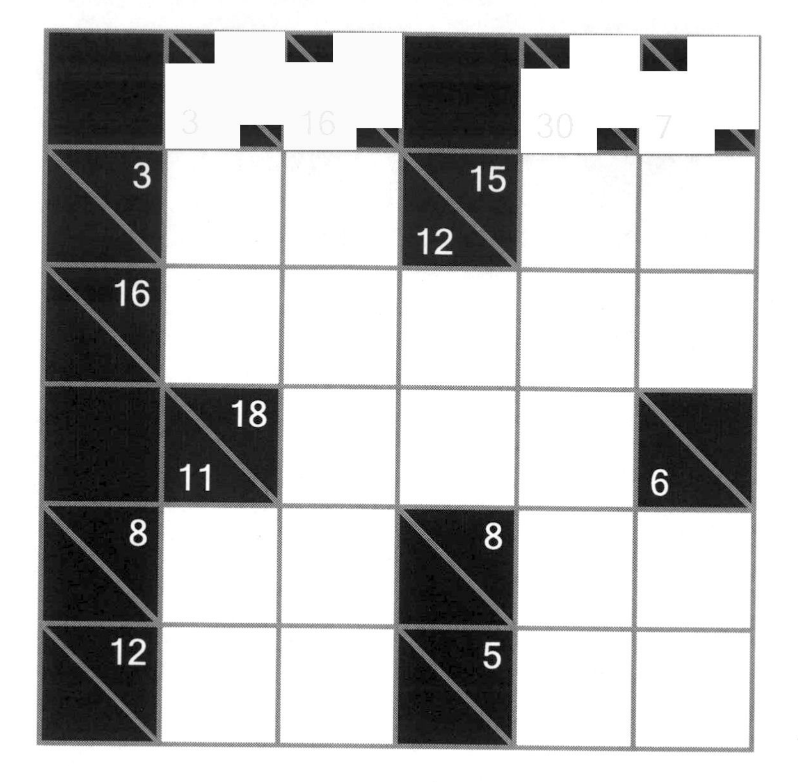

22

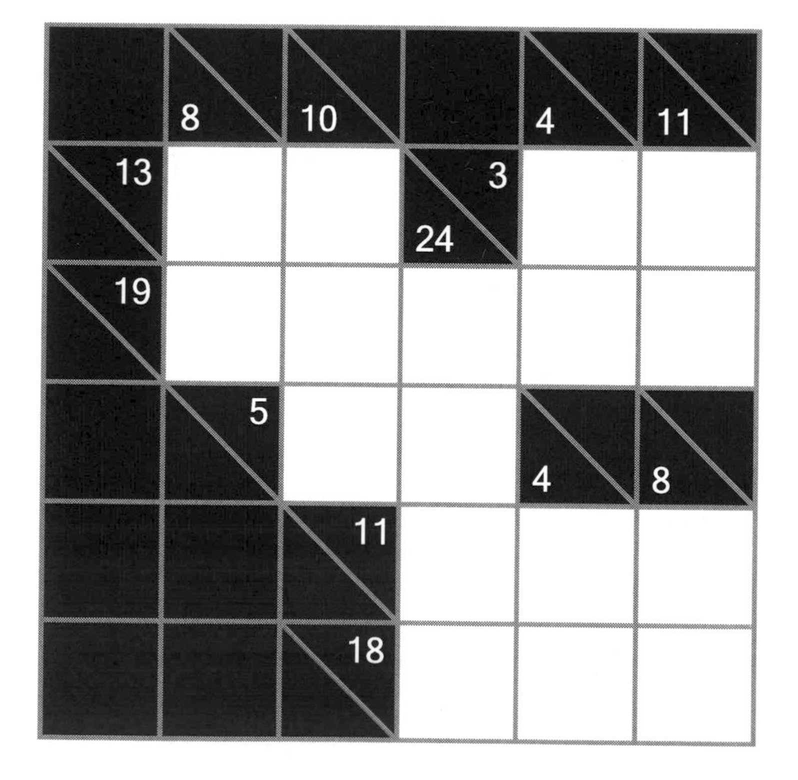

23

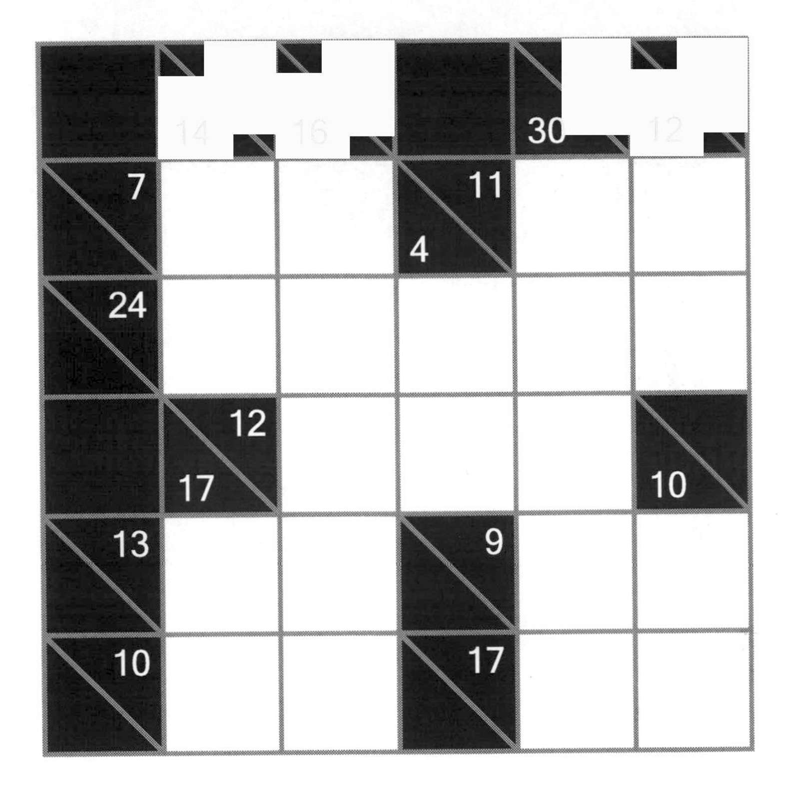

24

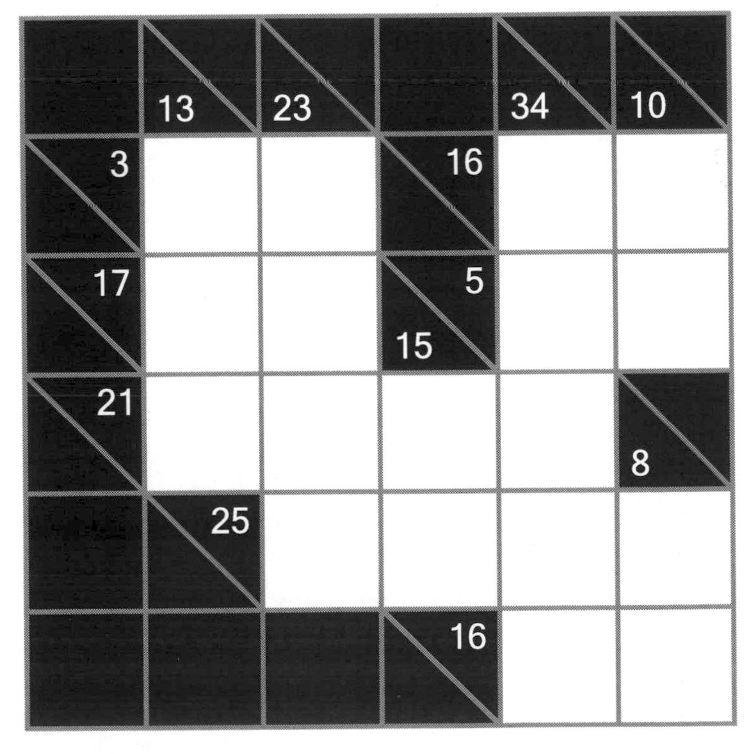

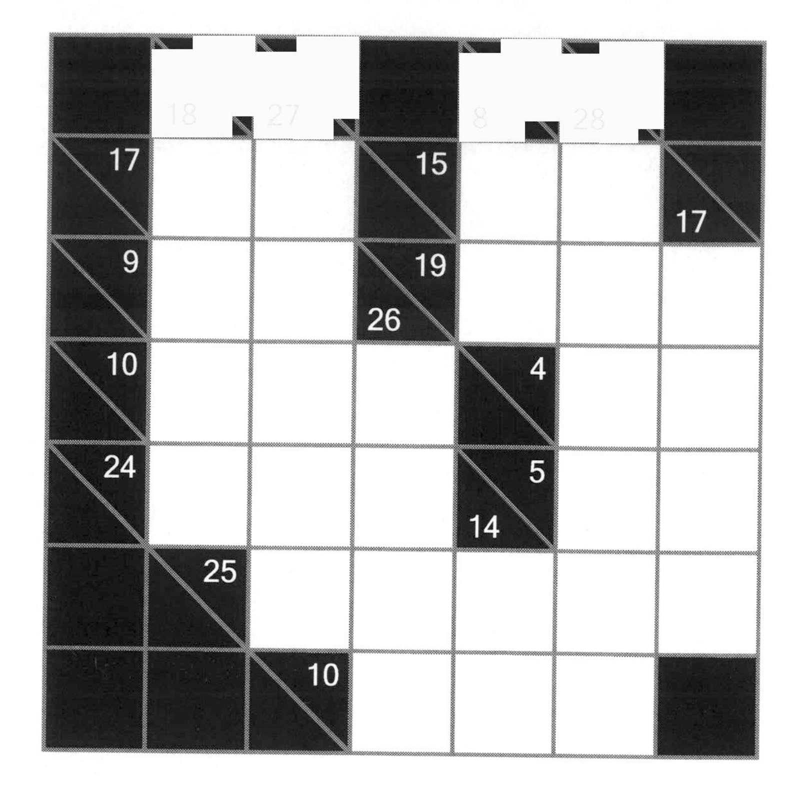

26

■	■	27↓	12↓	16↓	■	■
■	12↓ 22→				12↓	18↓
37→						
5→			21↓	4→		
■	16↓ 5→			11↓ 5→		
38→						
29→					■	■

27

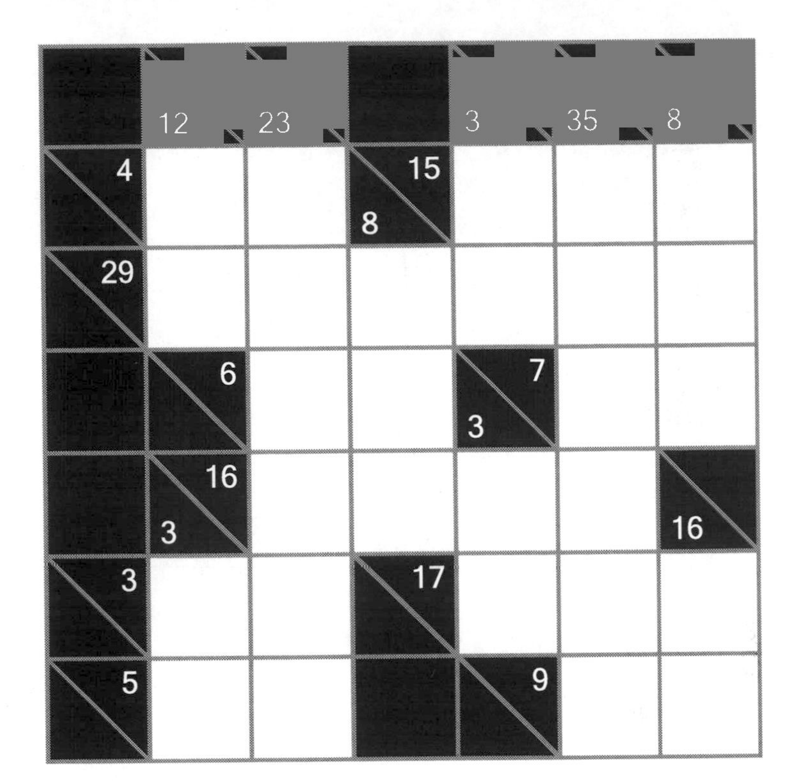
12
23
3
35
8
4
15
8
29
6
7
3
16
3
16
3
17
5
9

28

6
25
23
13
10
10
5
10
11
12
12
20
3
3
4
8
11
4

29

30

■	5\	21\	■	5\	21\	■
\13			21\5			16\
\27						
■	\16			9\9		
■	5\	6\7				■
\19						■
\5			\8			■

31

32

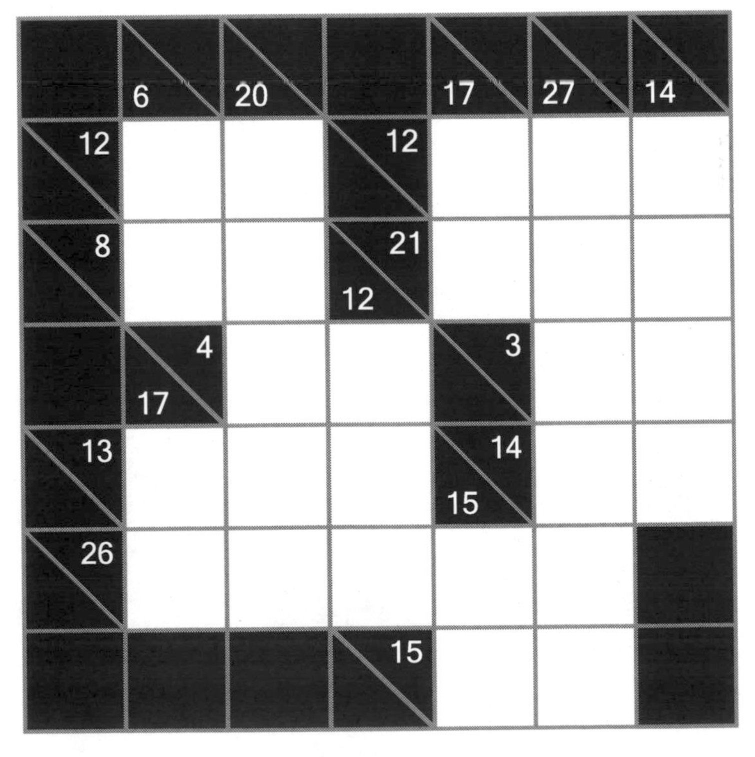

33

34

■	■	33\	23\	■	14\	16\
■	\4			19\16		
■	\22					
■	15\20				■	■
\24					17\	12\
\8			\23			
\16			\16			

35

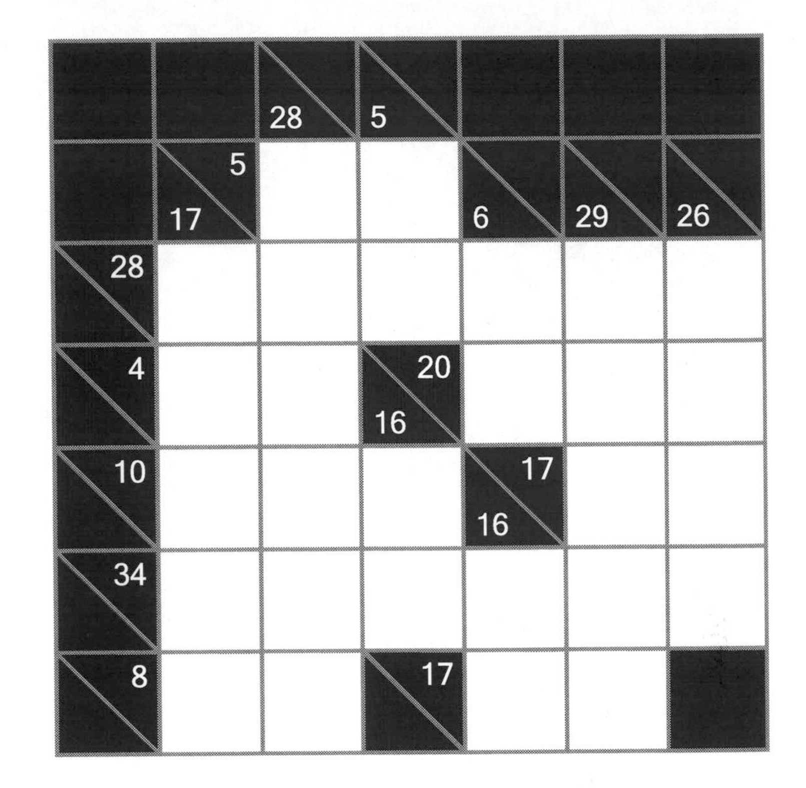

36

■	4\	29\	■	10\	22\	■
\10			\4			13\
\8			26\15			
■	\15			\10		
■	8\12			15\12		
\21						
\20						■

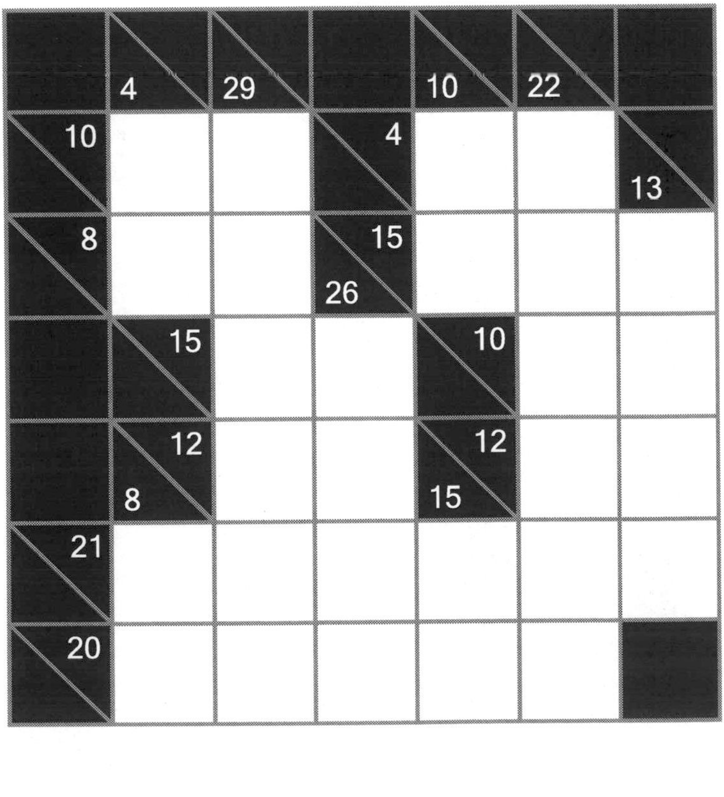

37

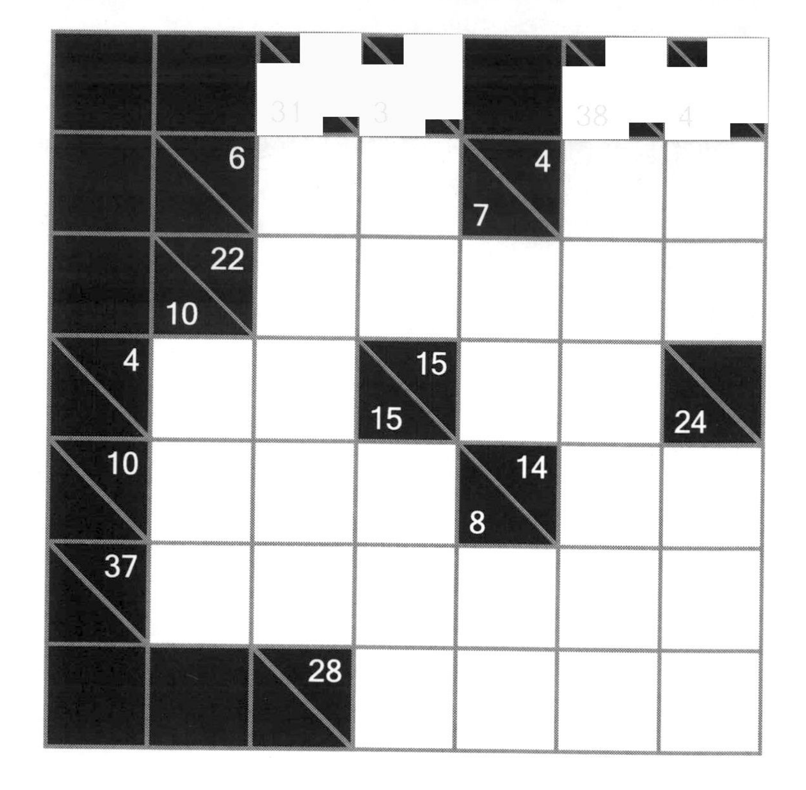

38

■	12\	27\	3\	4\	■	■
\12					14\	22\
\23						
\3			■	\11		
\10			10\	17\16		
■	\23					
■	\11				■	■

39

40

■	13\	27\	■	■	27\	12\
\10			7\	3\13		
\24						
■	\14					3\
■	12\5			3\9		
\5			\7			
\12			\8			■

41

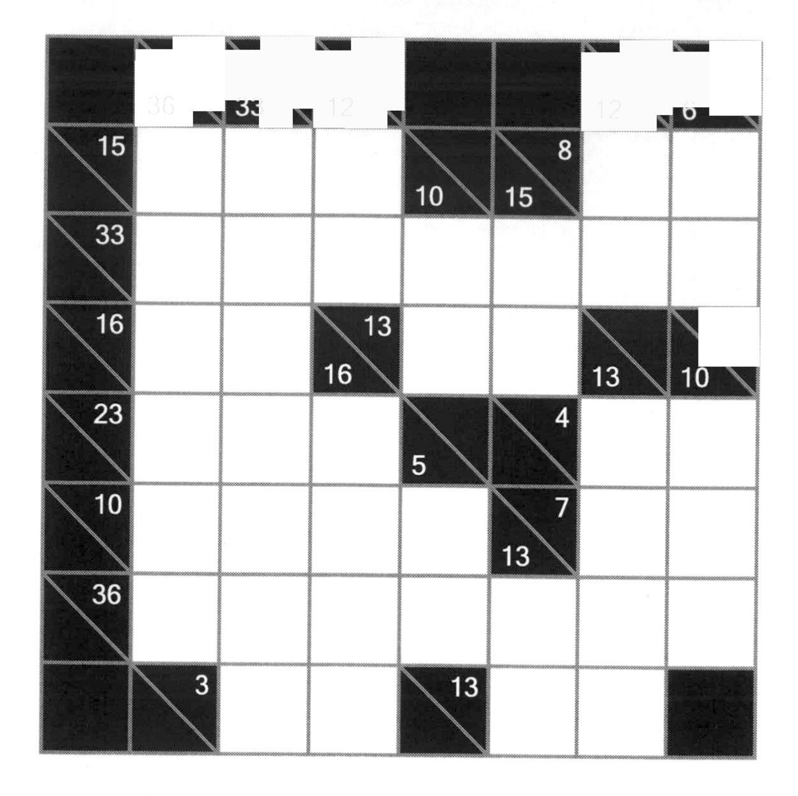

42

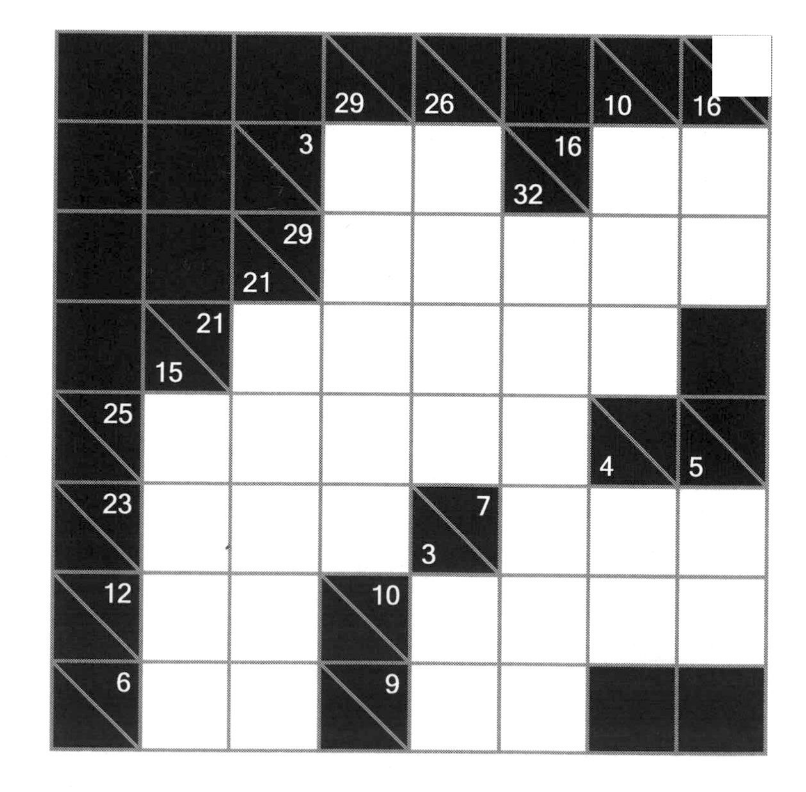

43

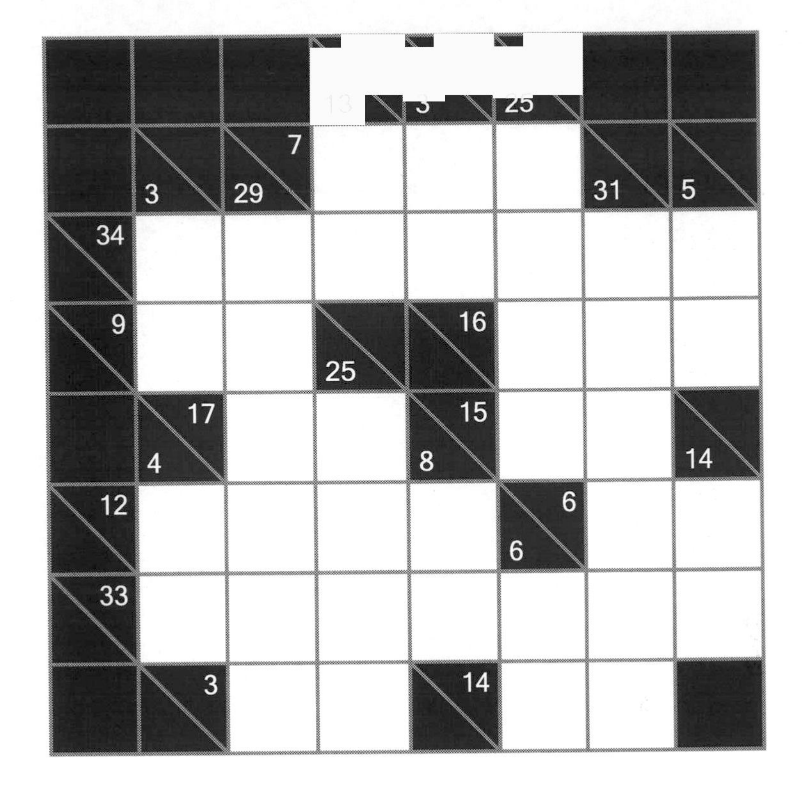

44

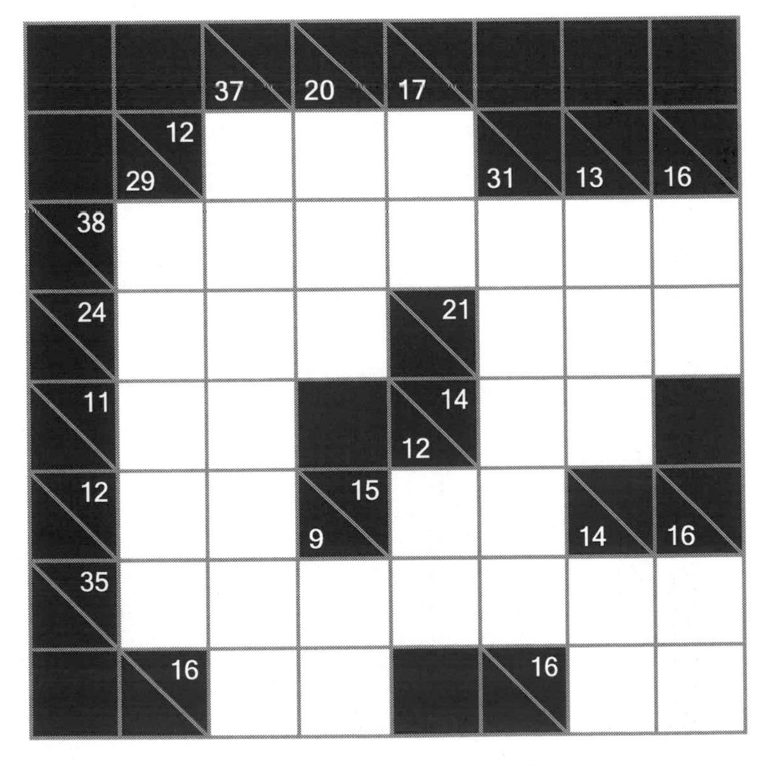

45

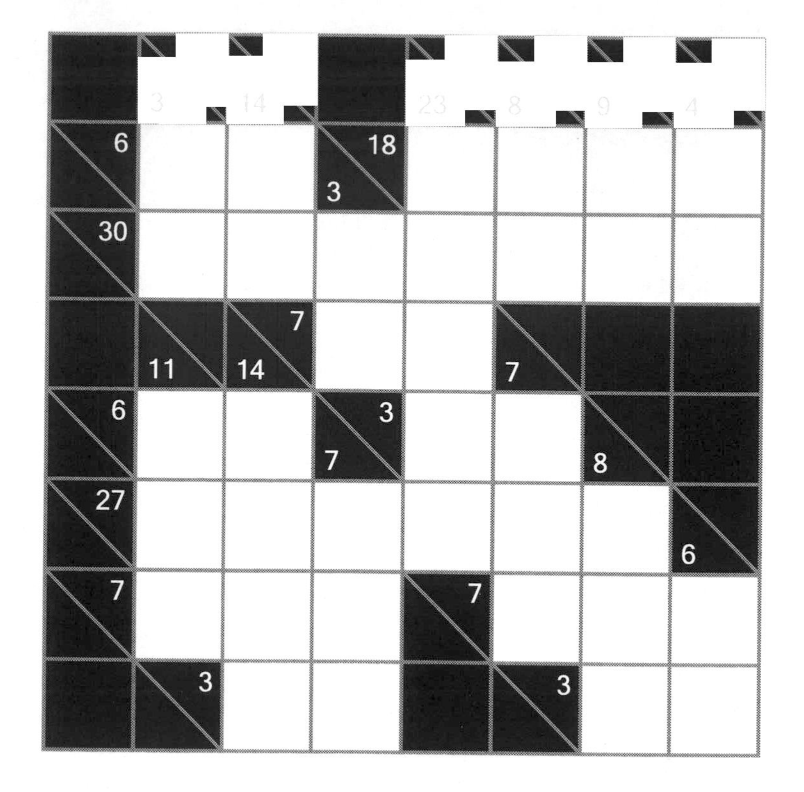

46

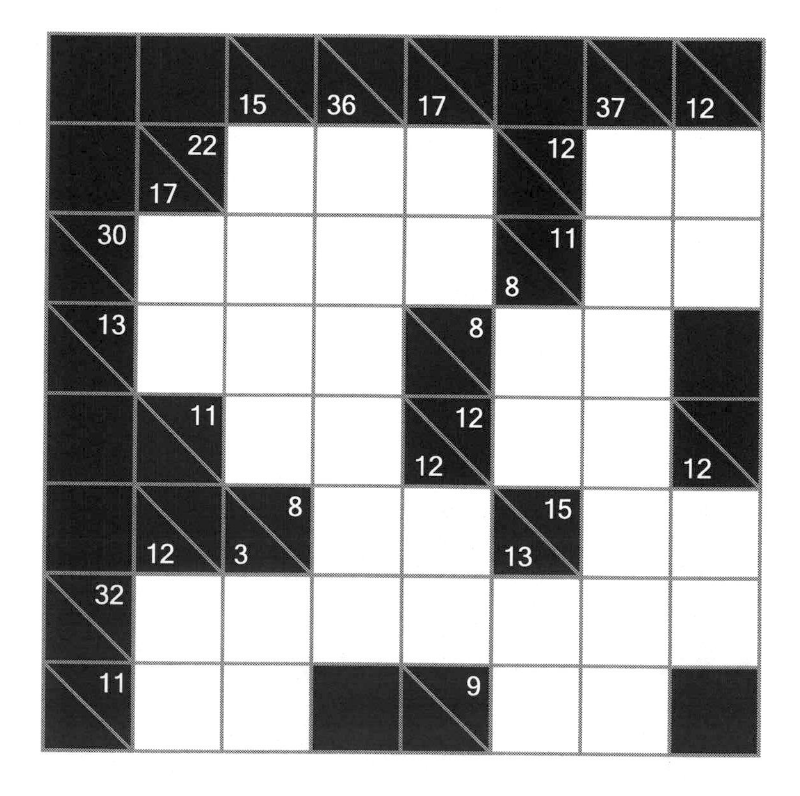

47

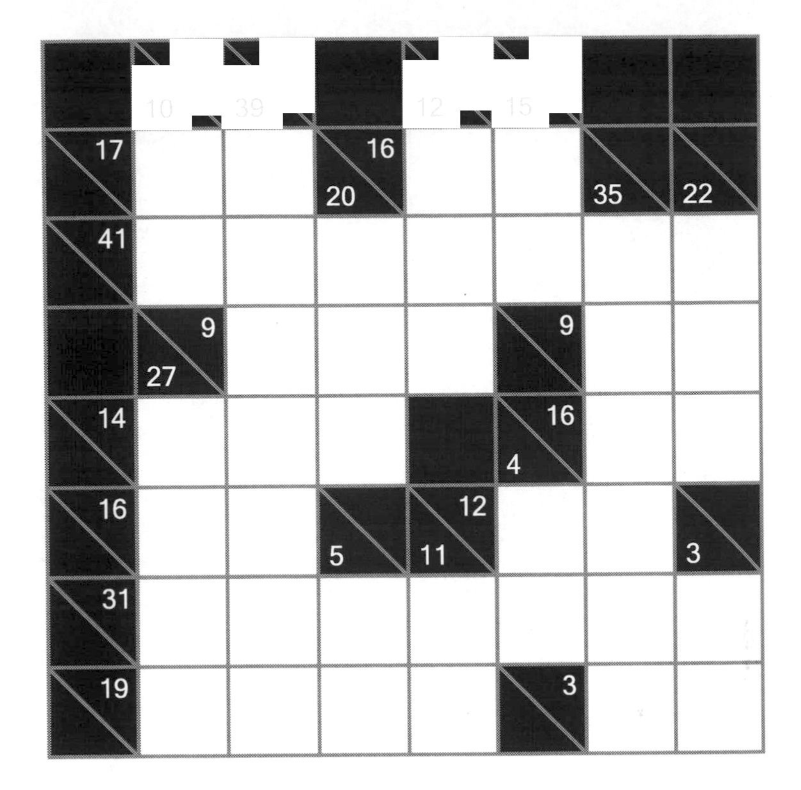

48

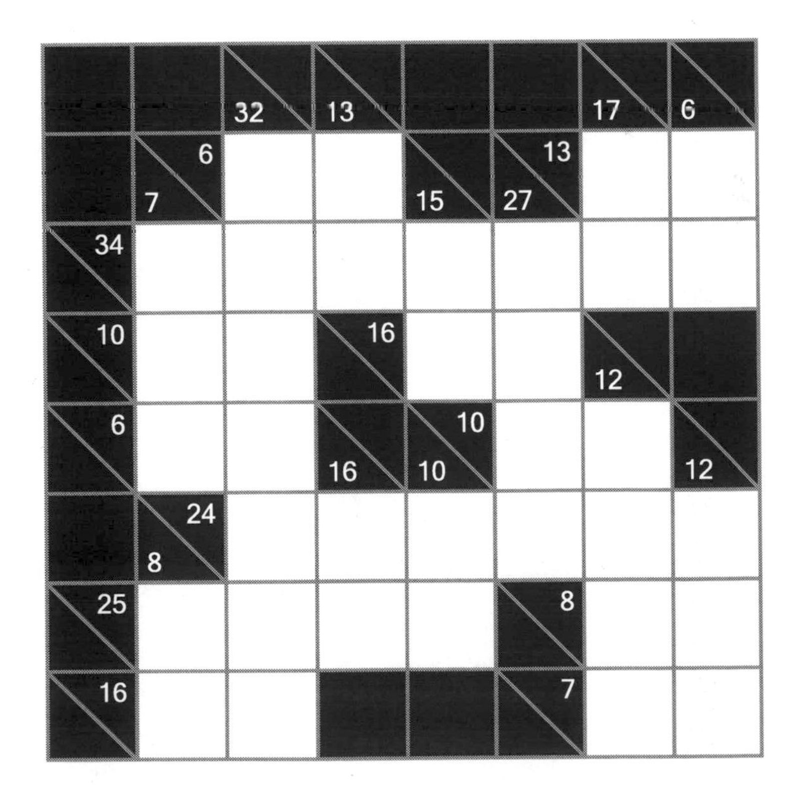

49

50

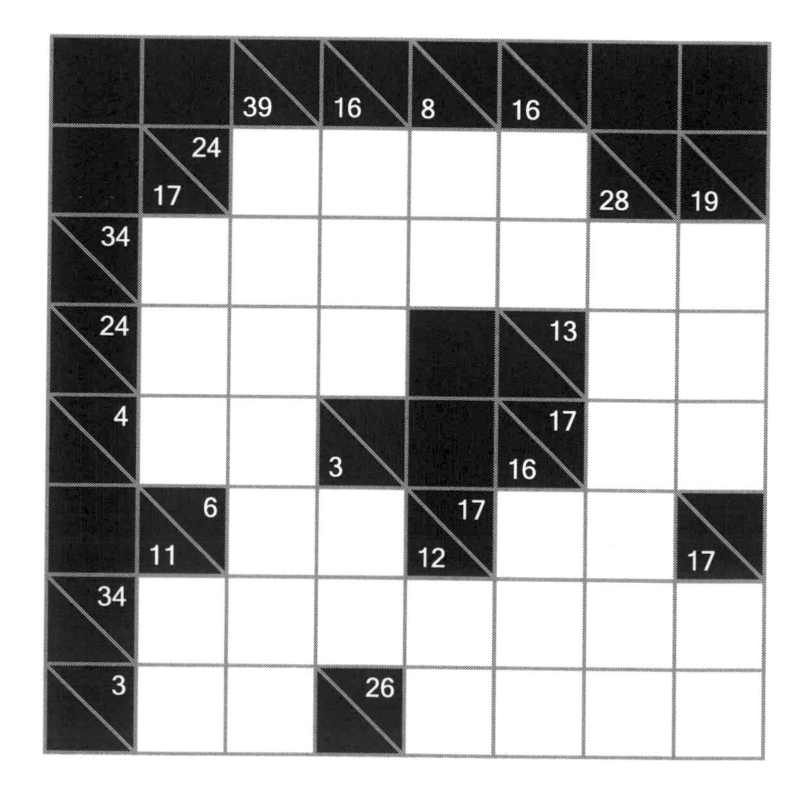

51

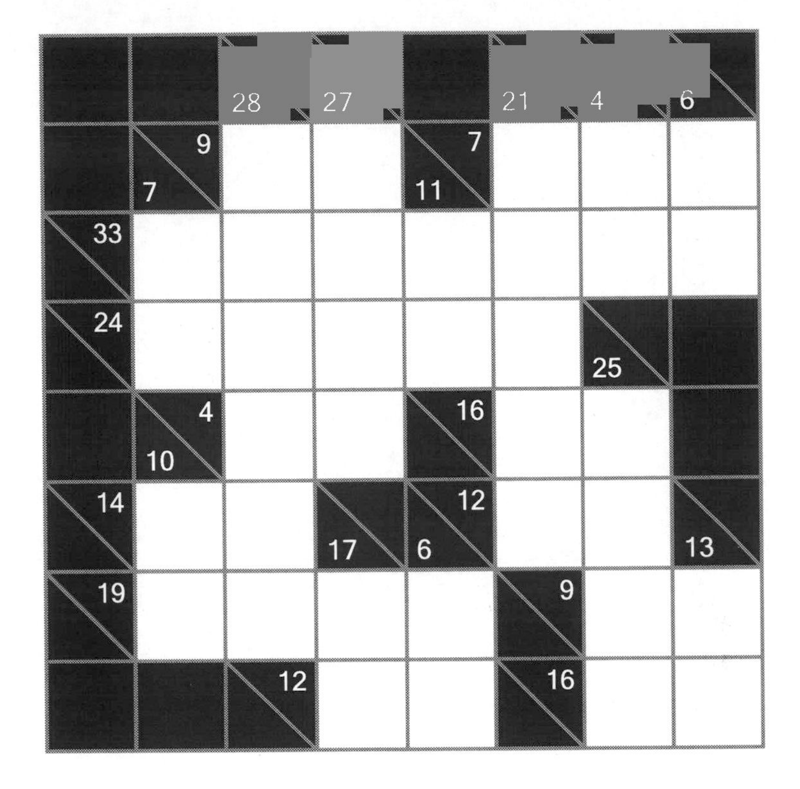
28 27 21 4 6
9 7 7 11
33
24 25
4 10 16
14 17 12 6 13
19 9
12 16

52

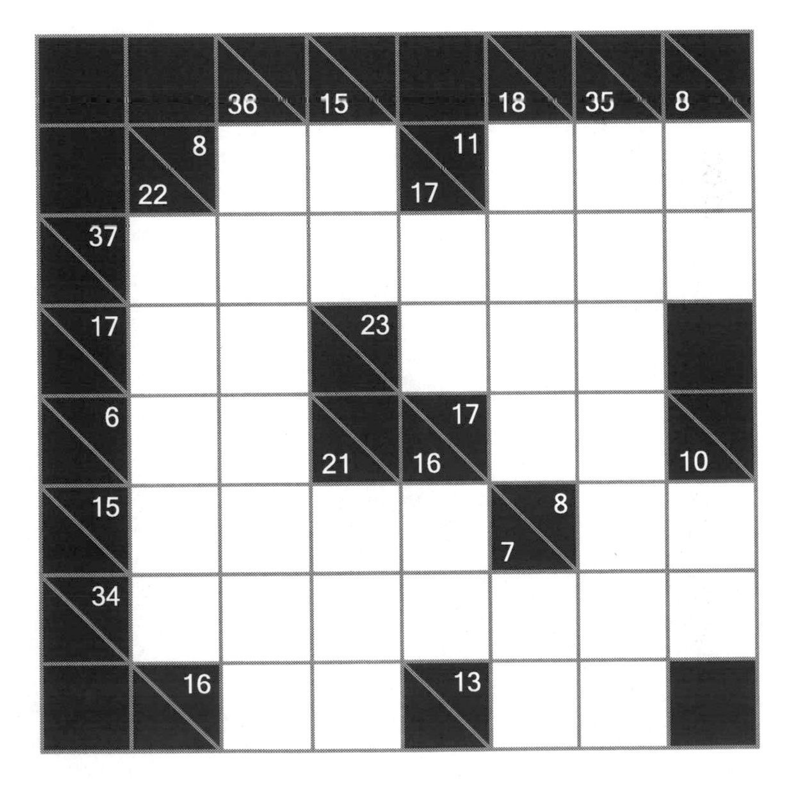
36 15 18 35 8
8 22 11 17
37
17 23
6 21 17 16 10
15 8 7
34
16 13

53

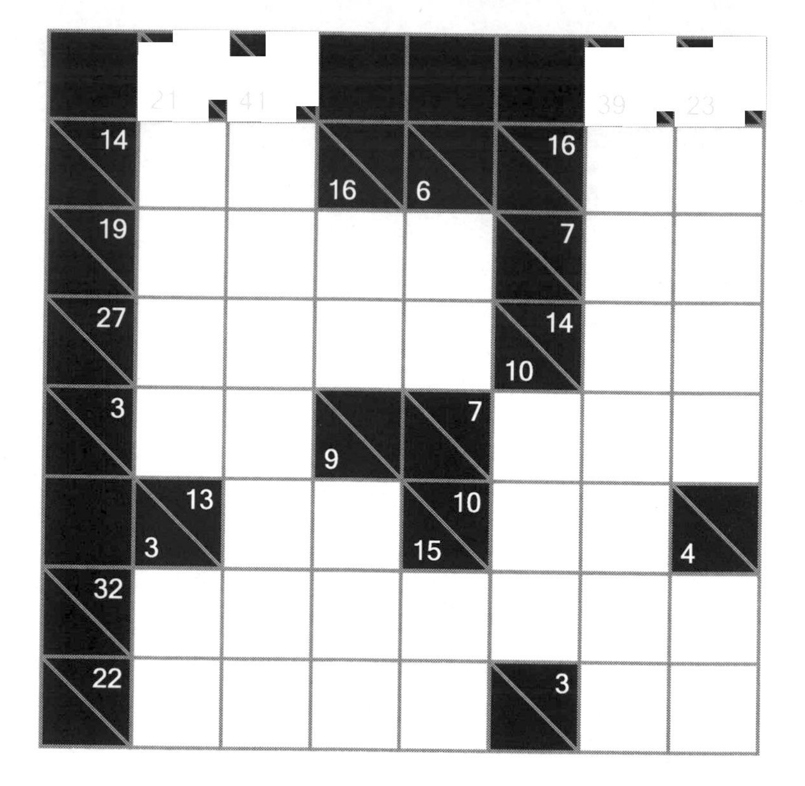

54

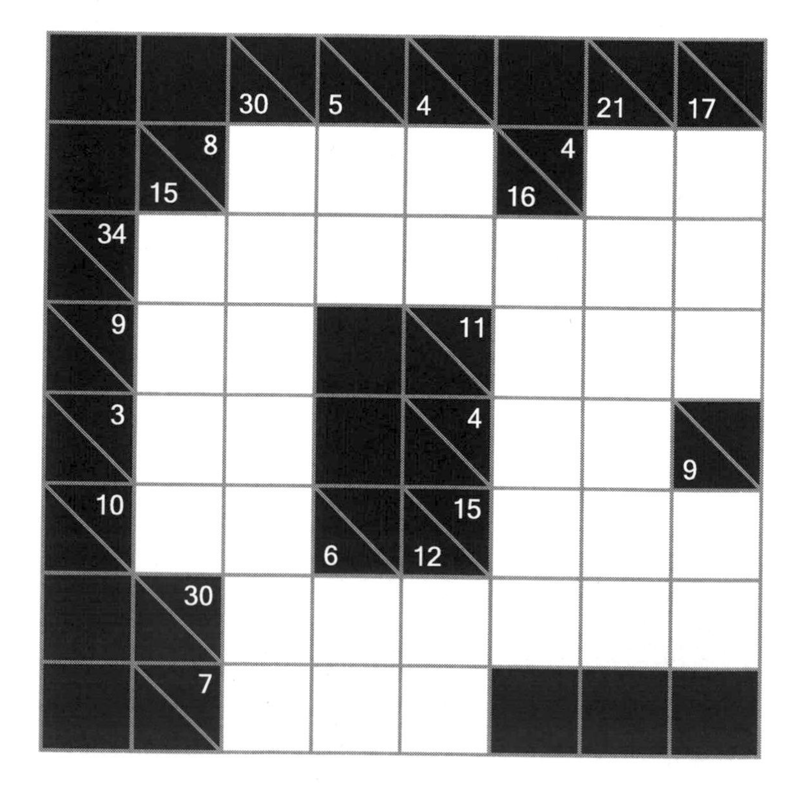

55

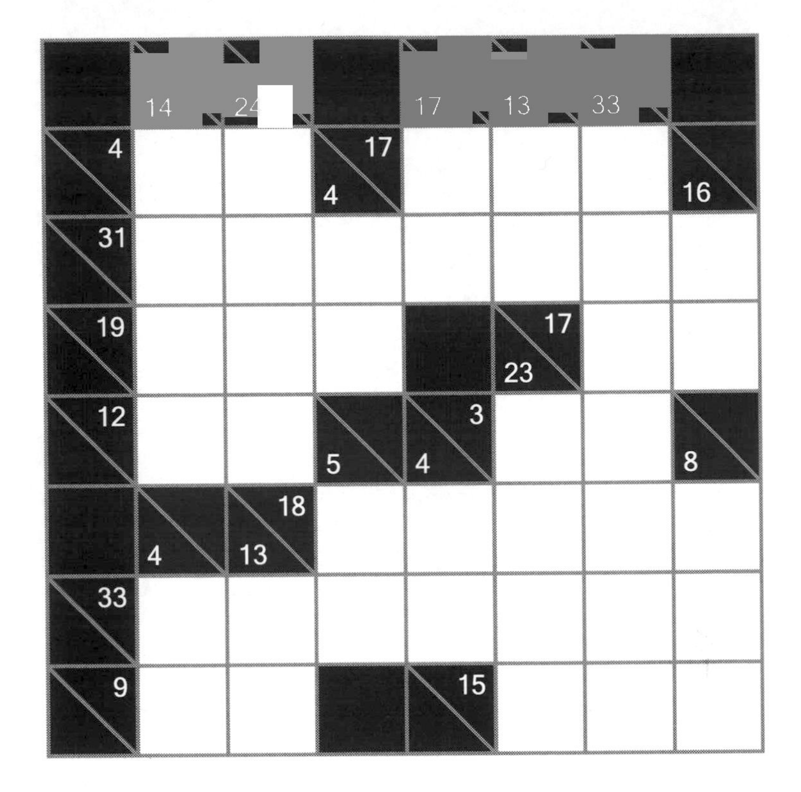

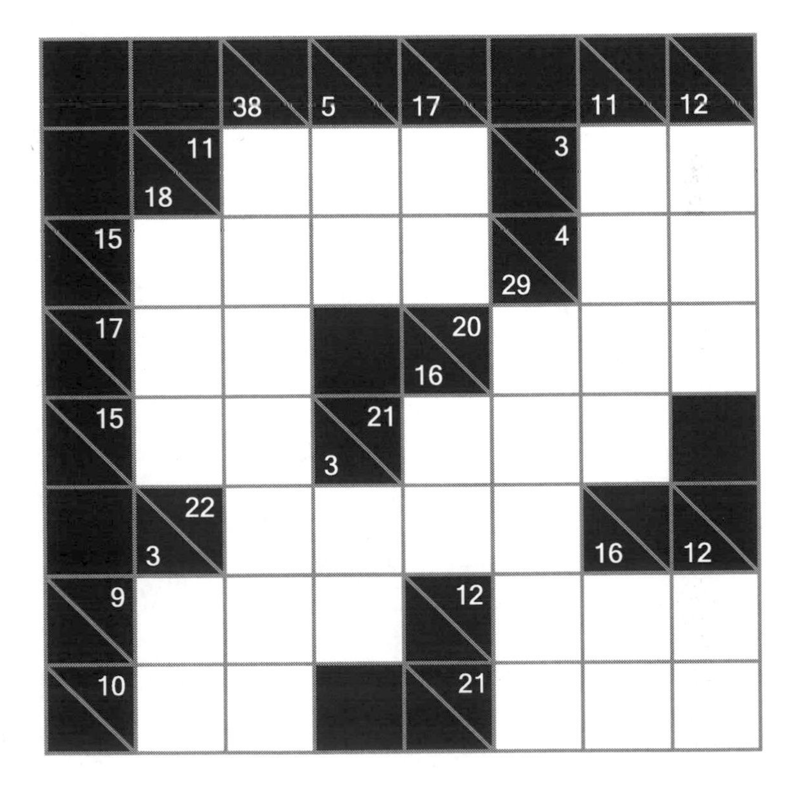

57

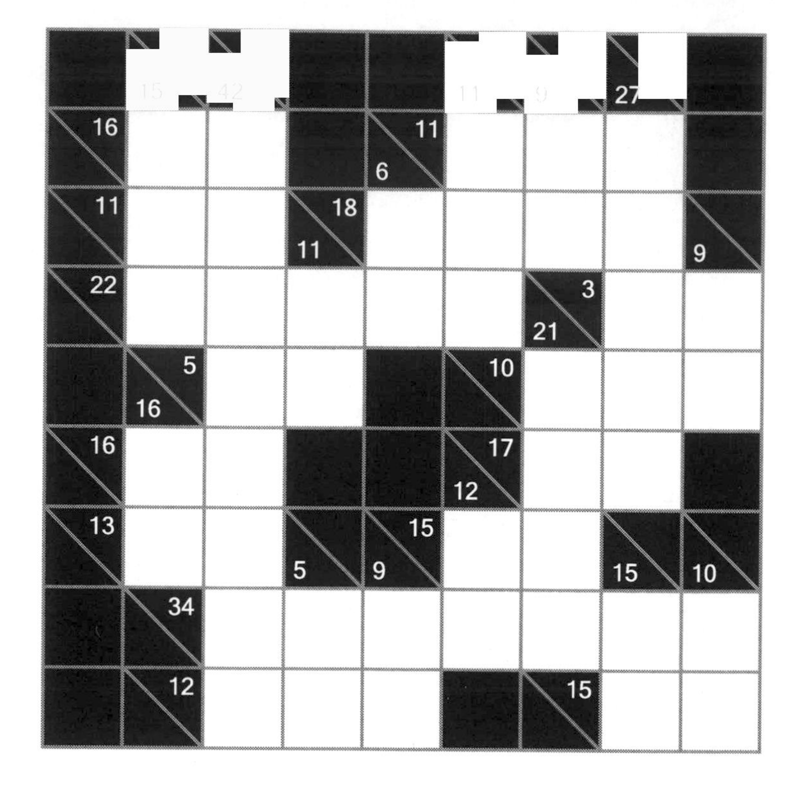

58

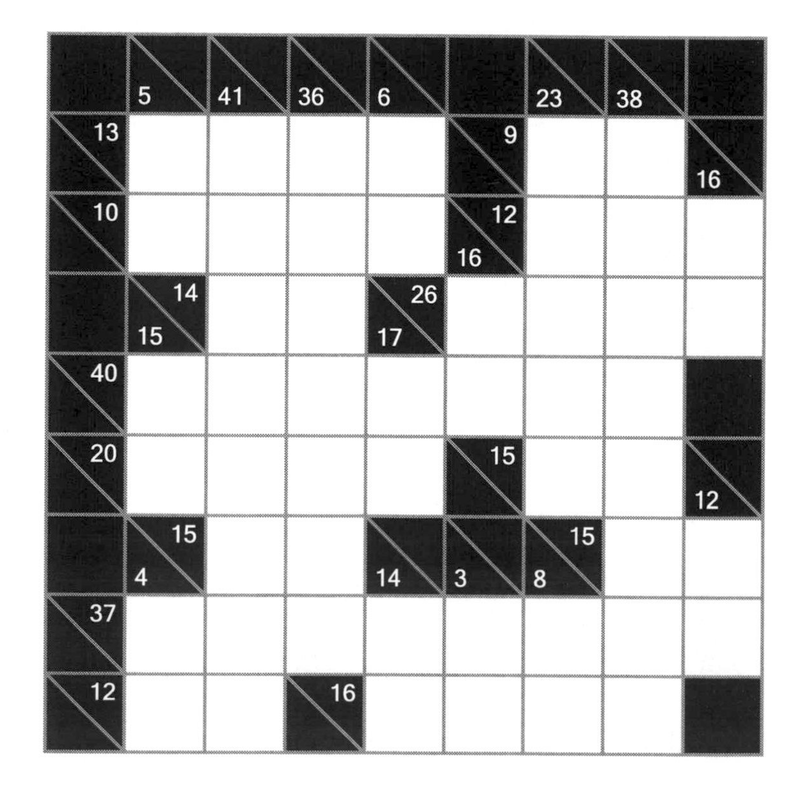

59

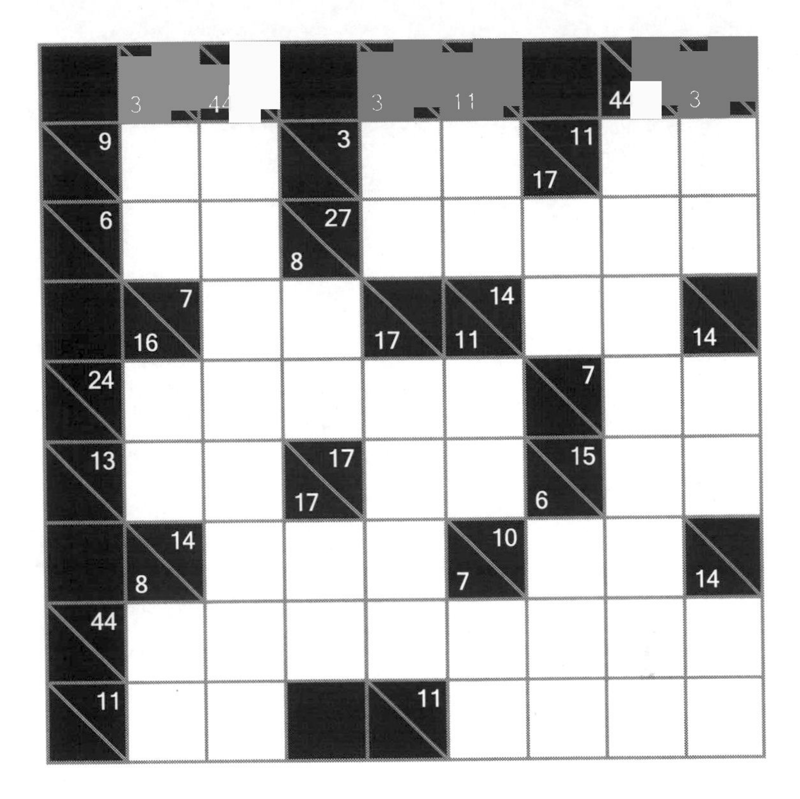

60

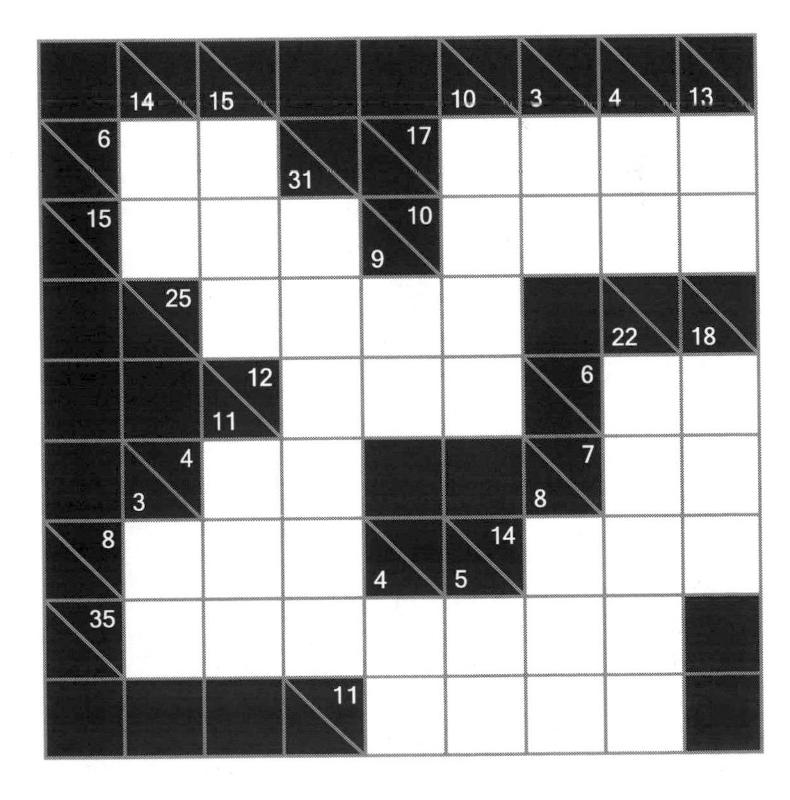

61

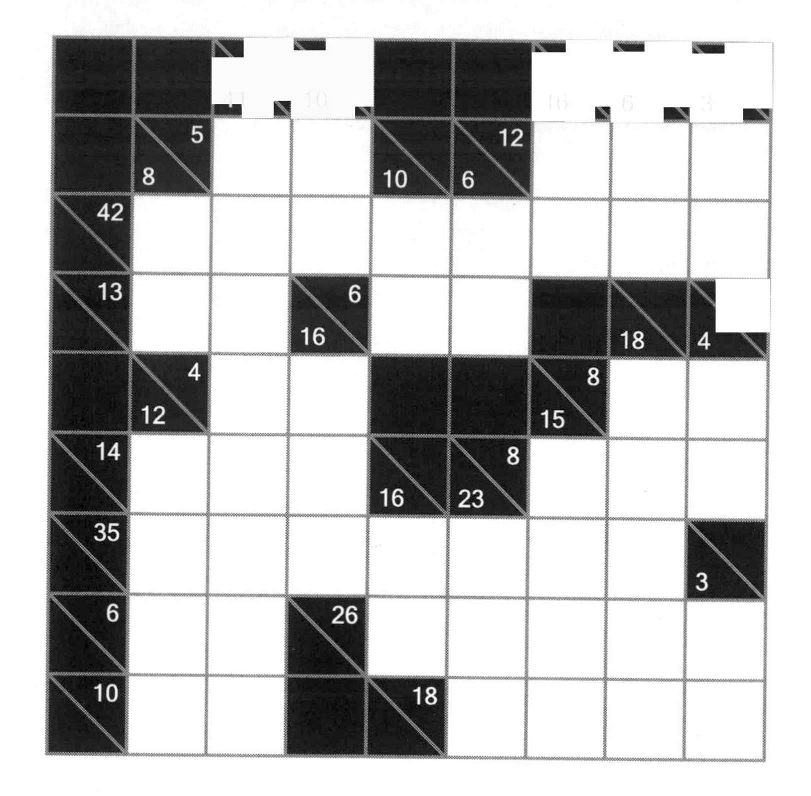

62

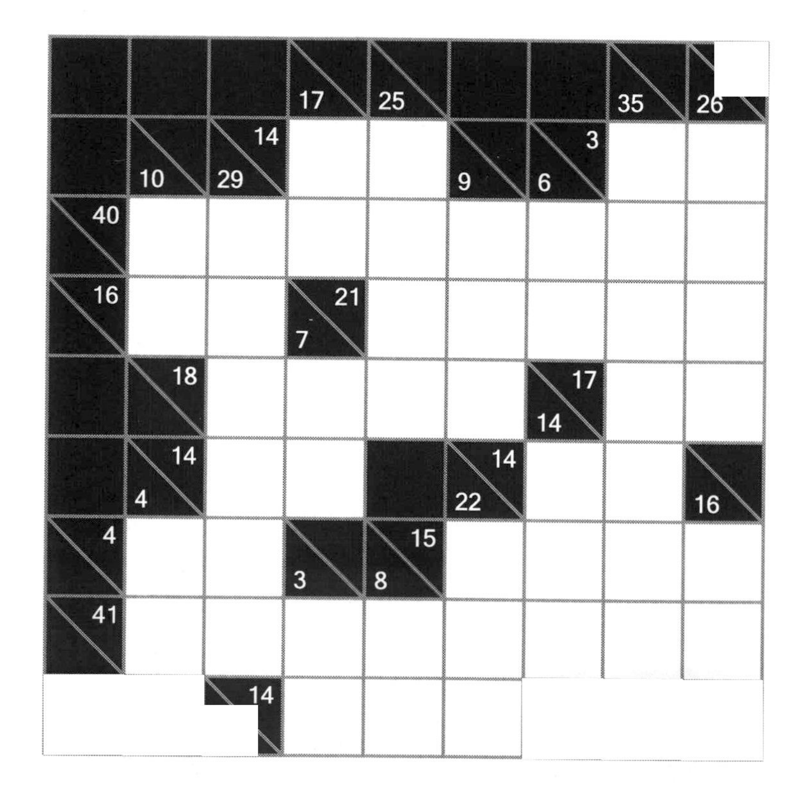

63

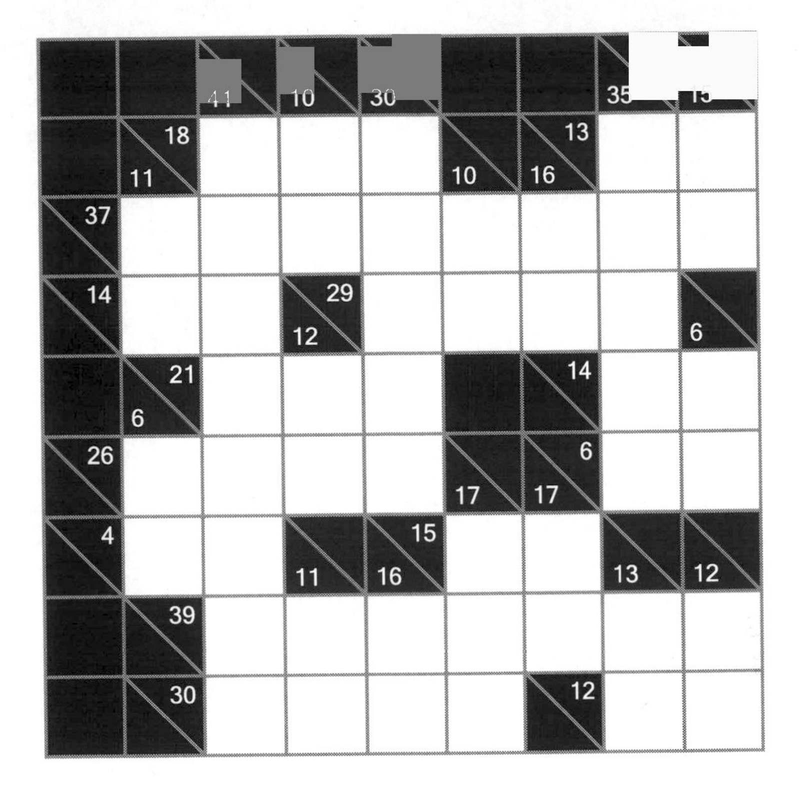

64

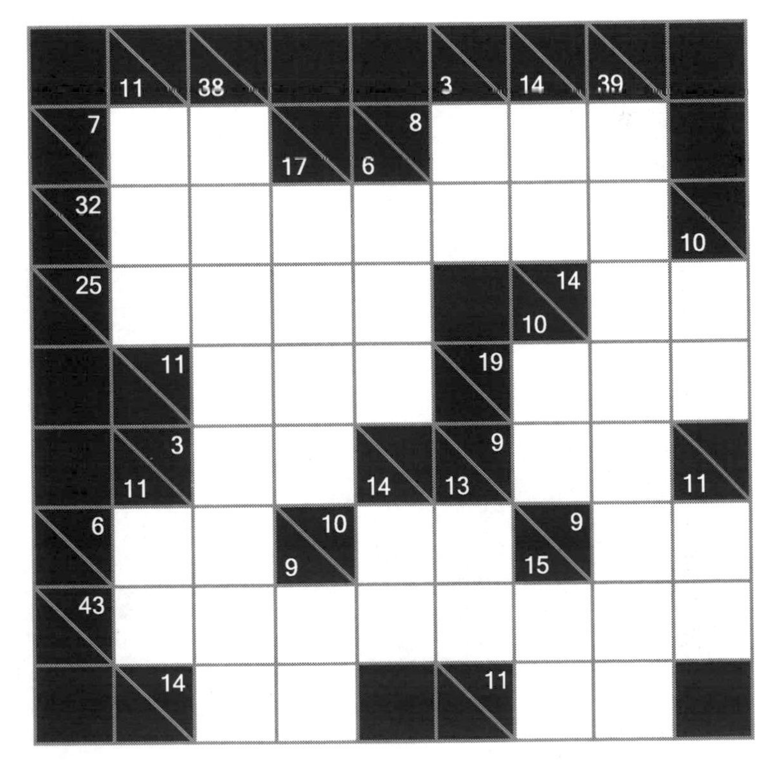

65

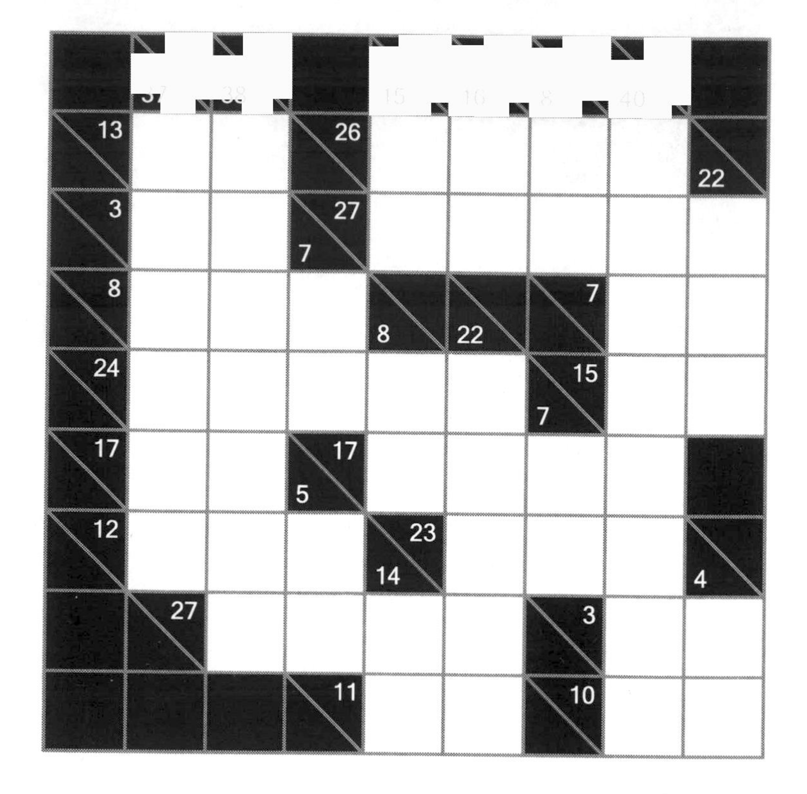

66

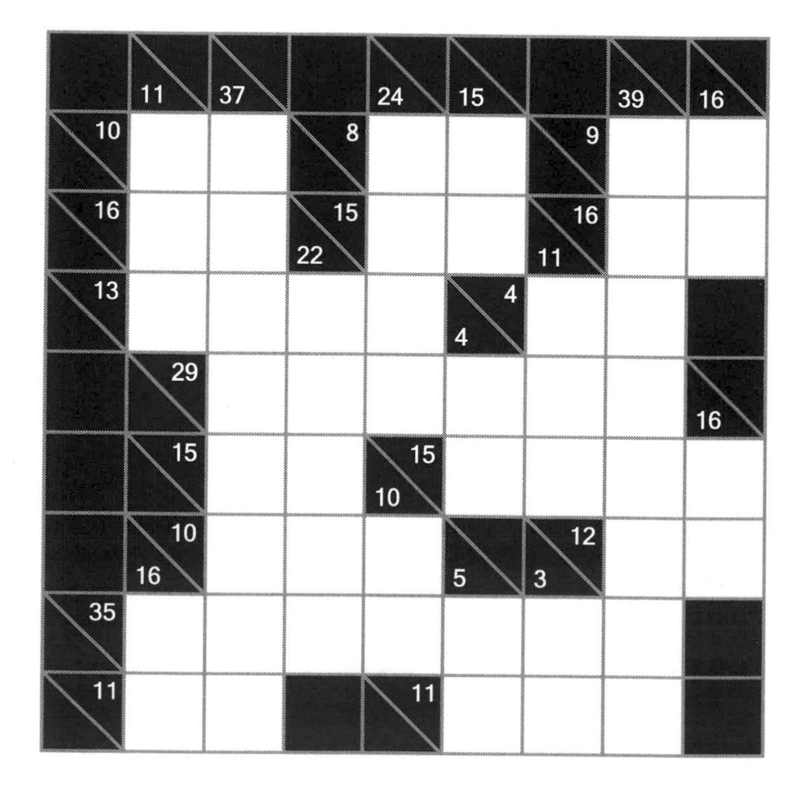

67

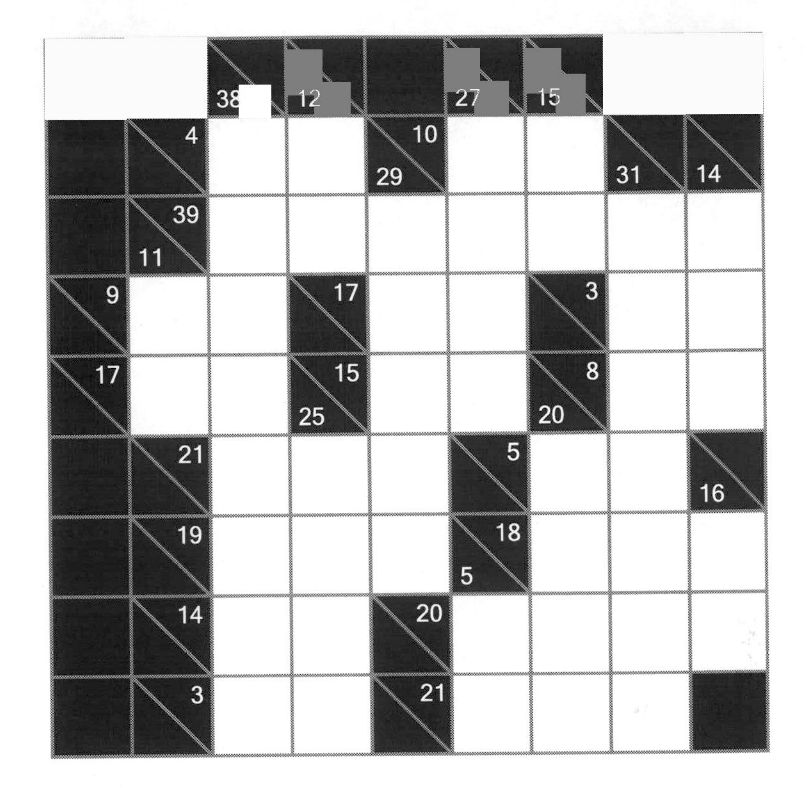

68

69

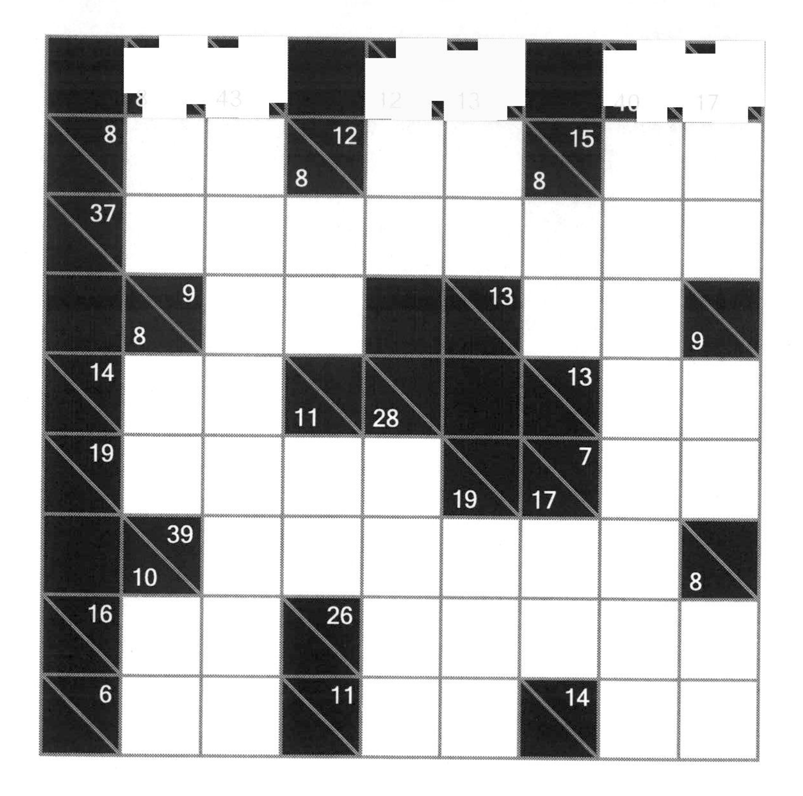

70

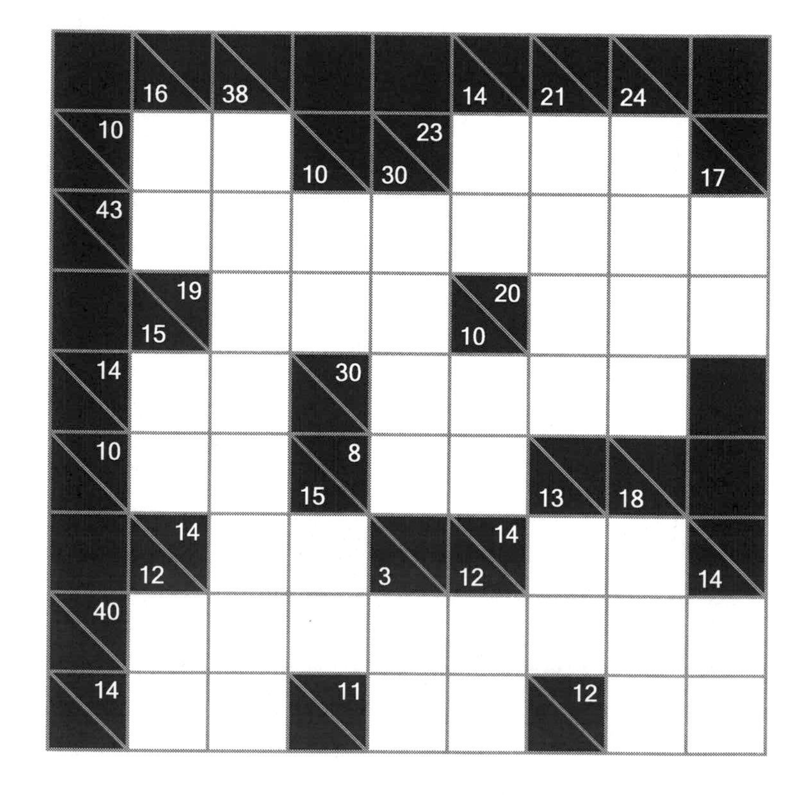

71

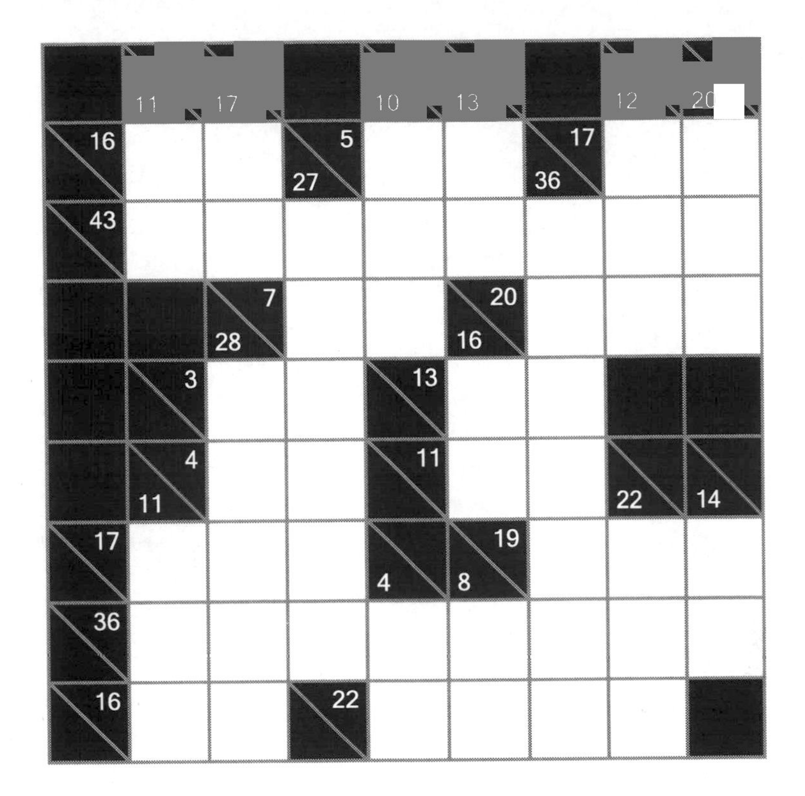

72

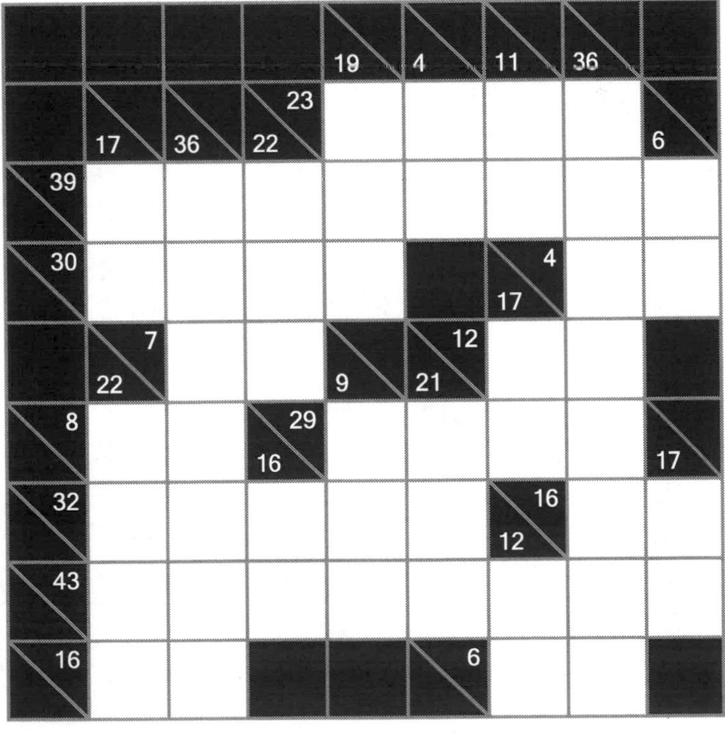

73

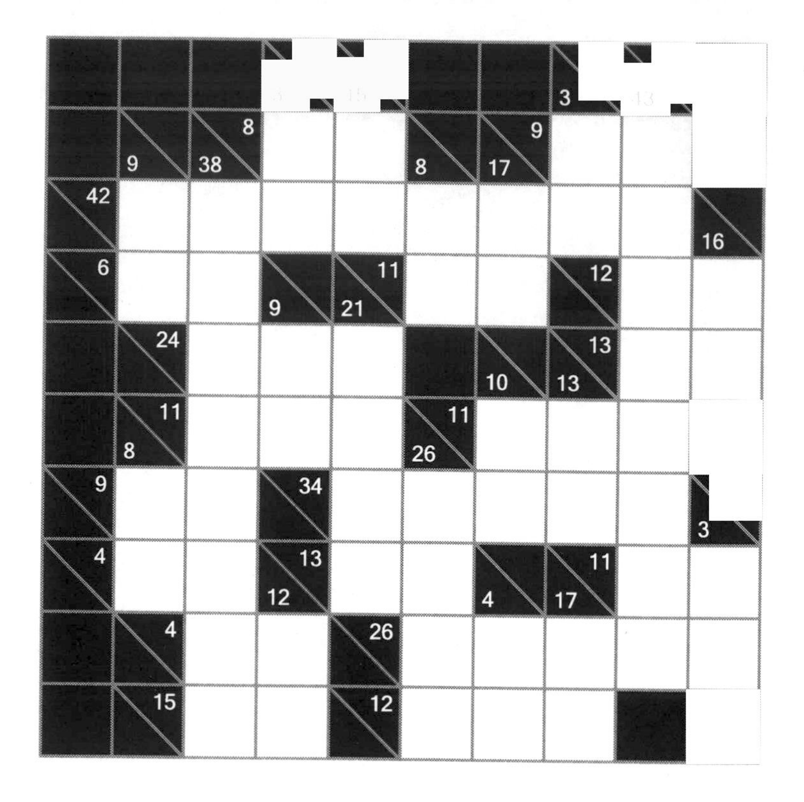

74

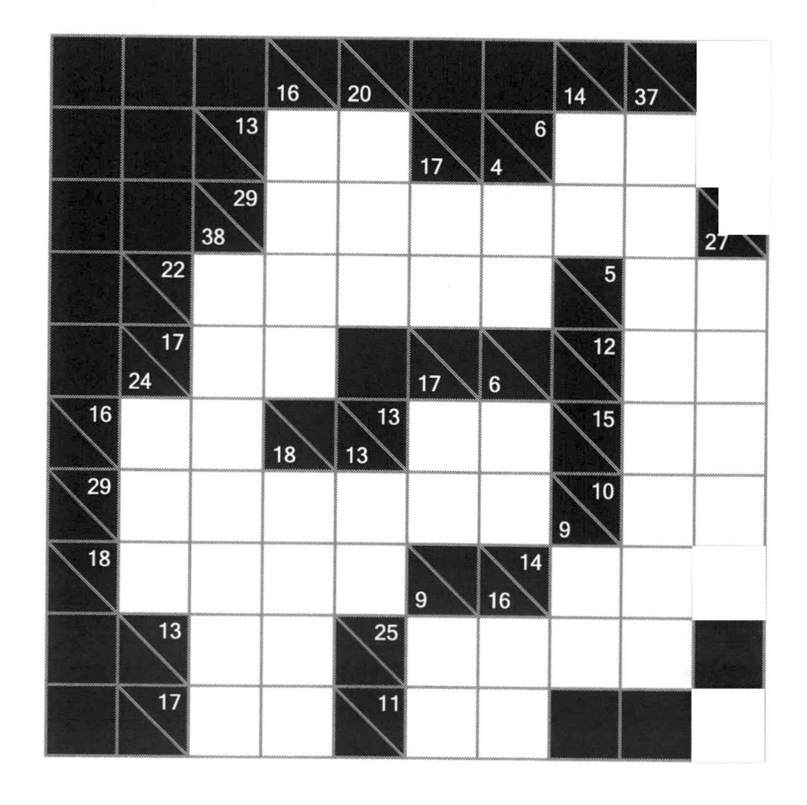

75

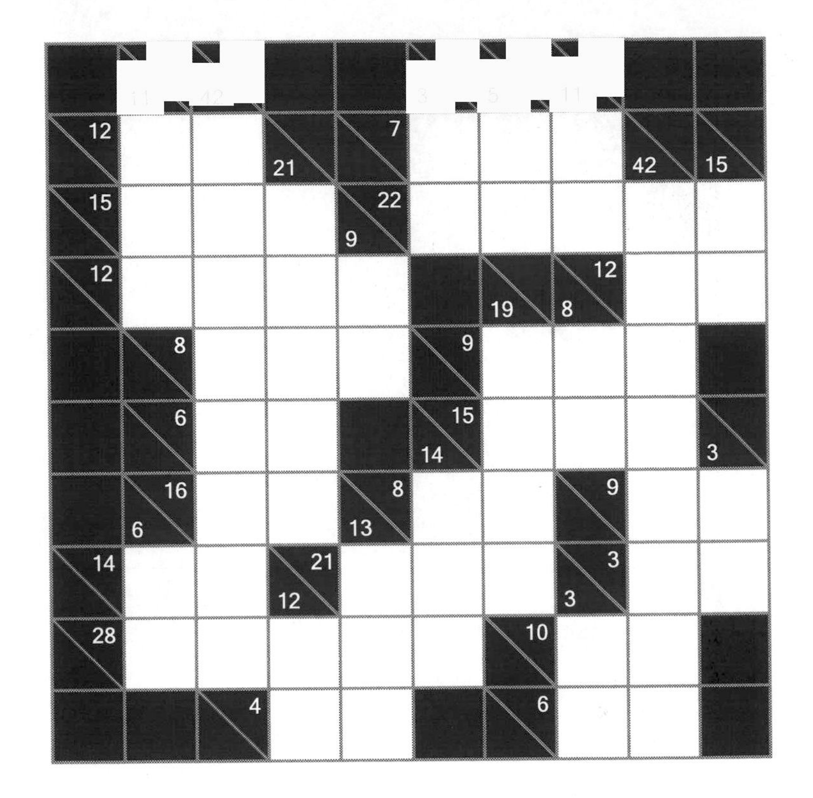

76

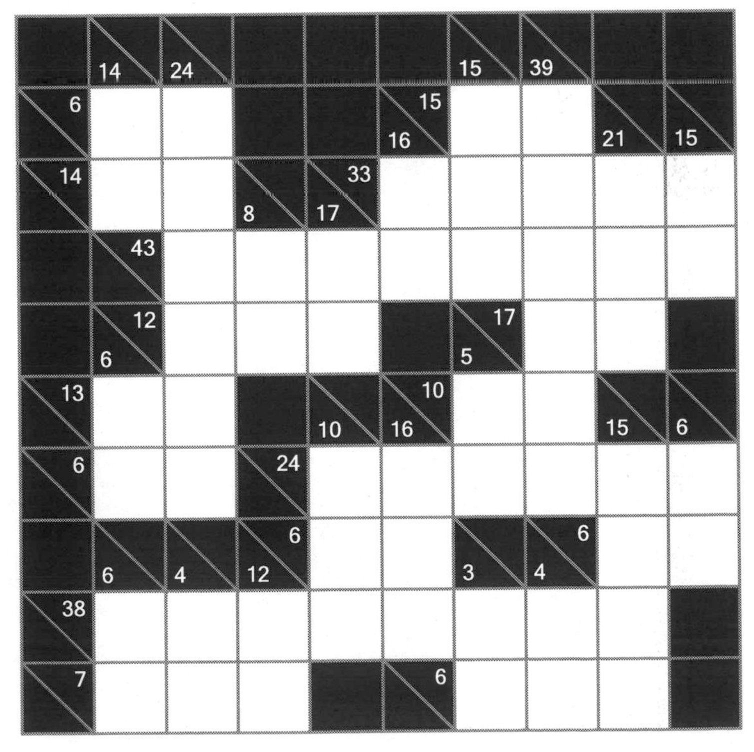

77

78

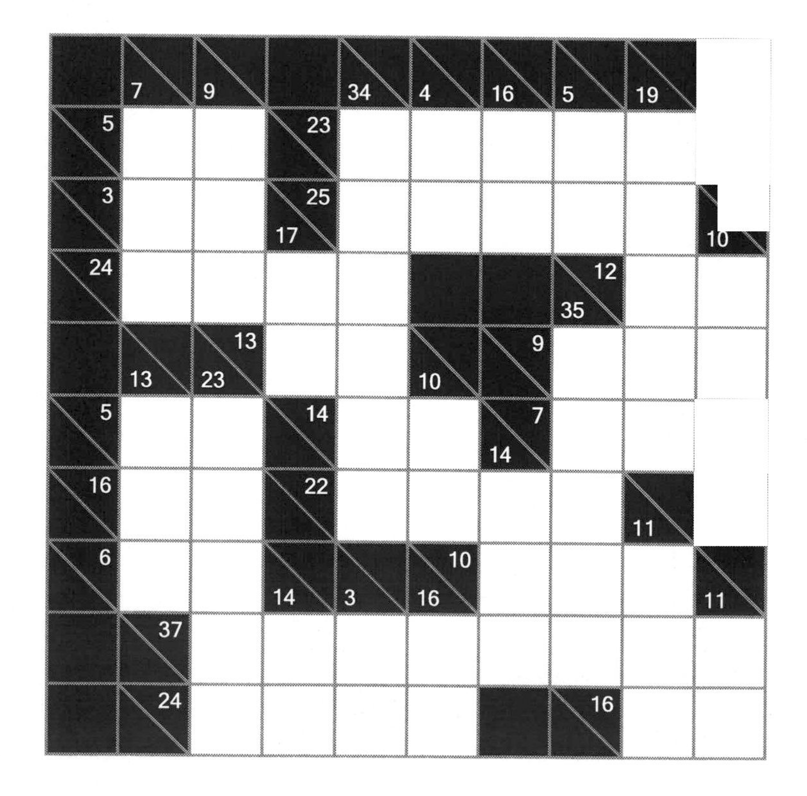

79

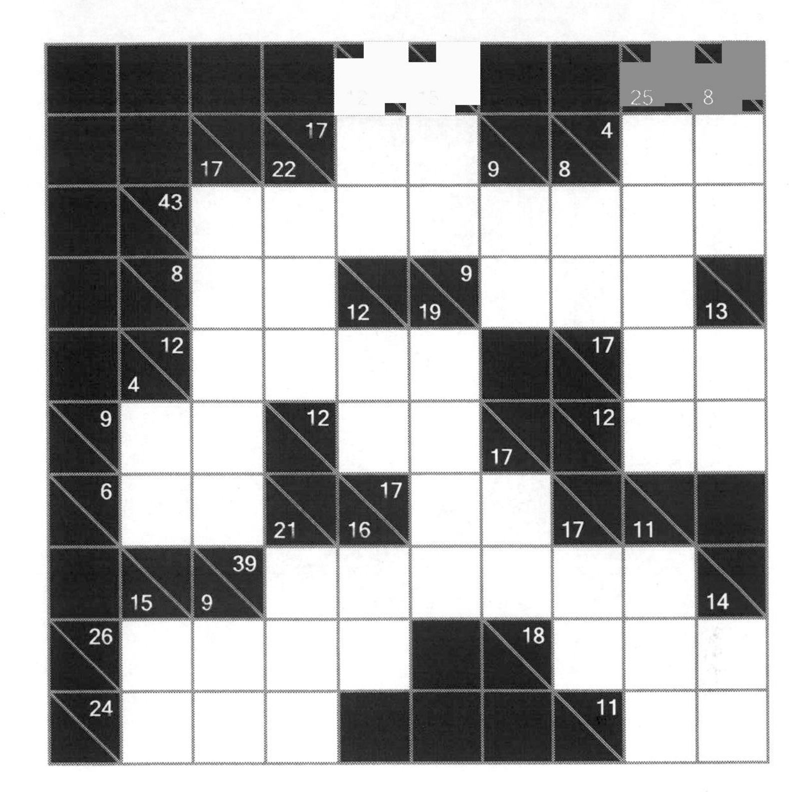

80

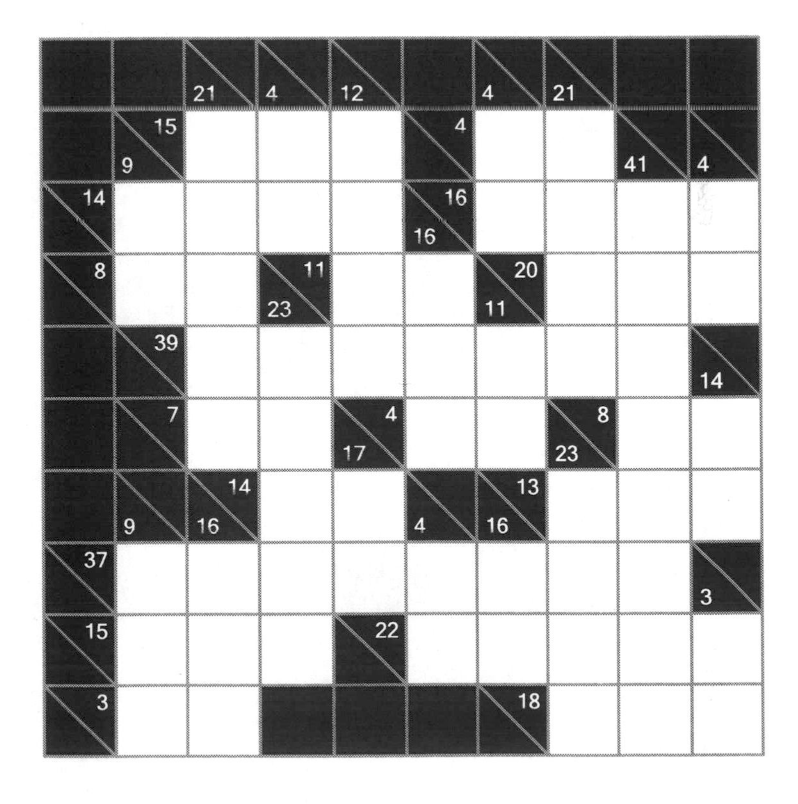

81

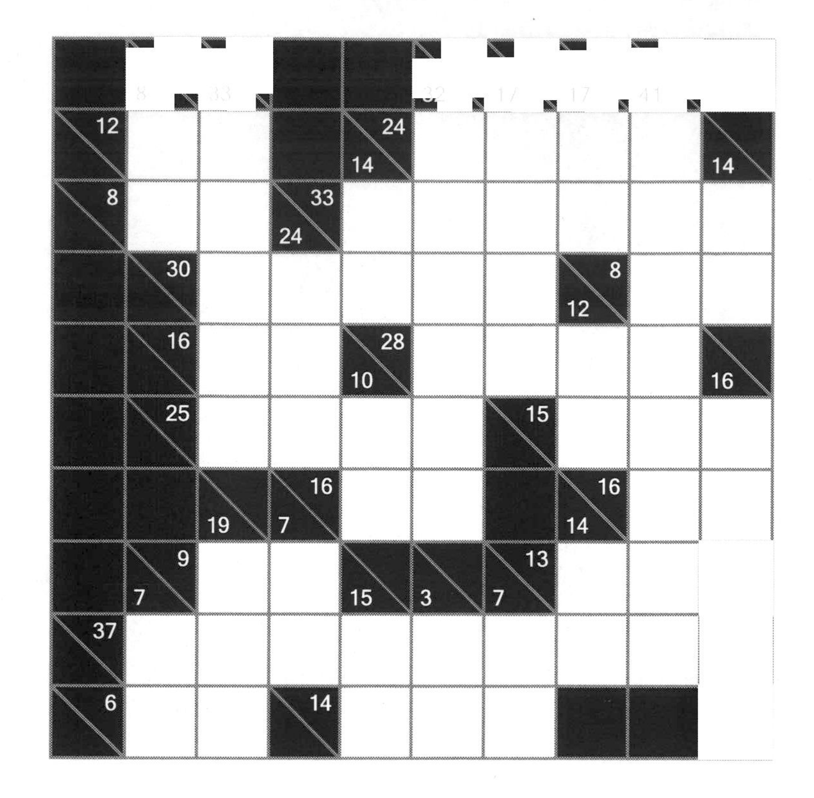

82

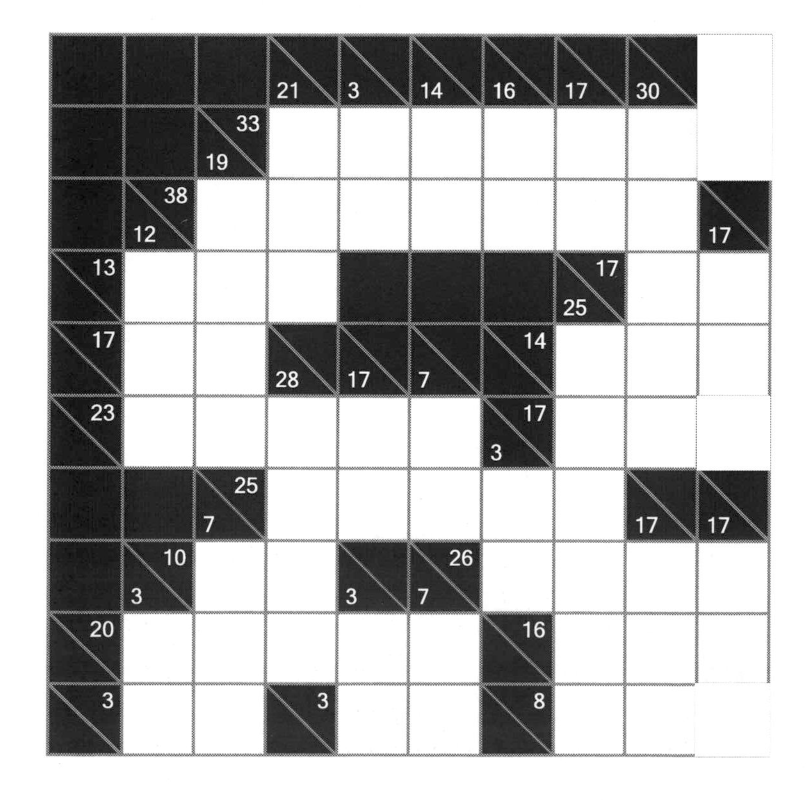

83

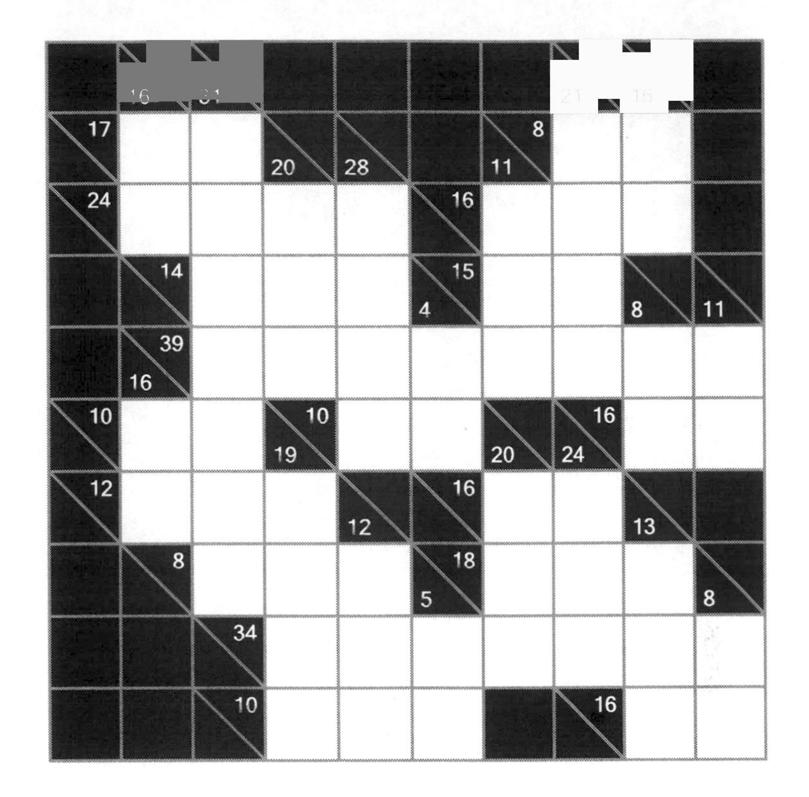

84

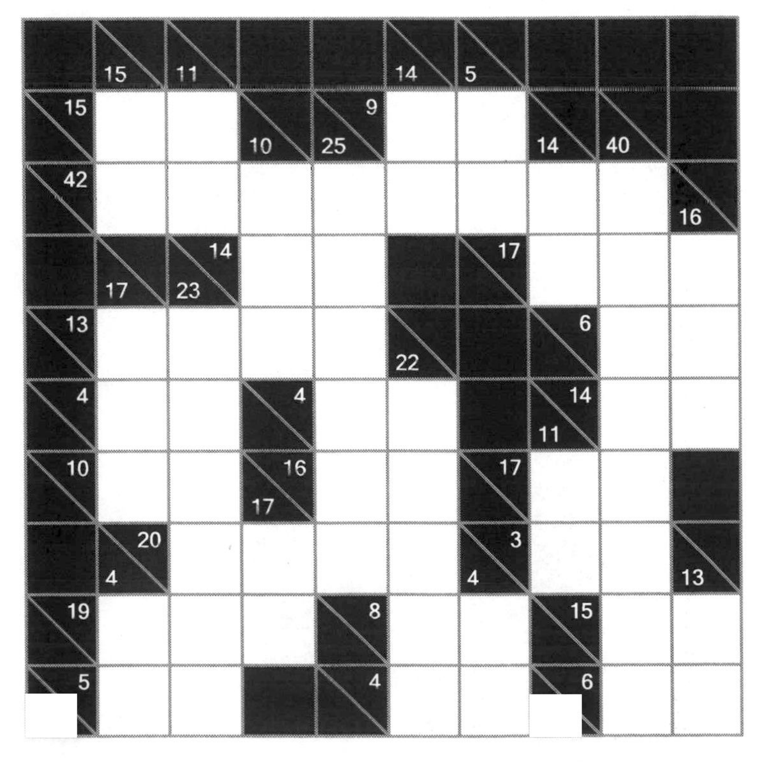

85

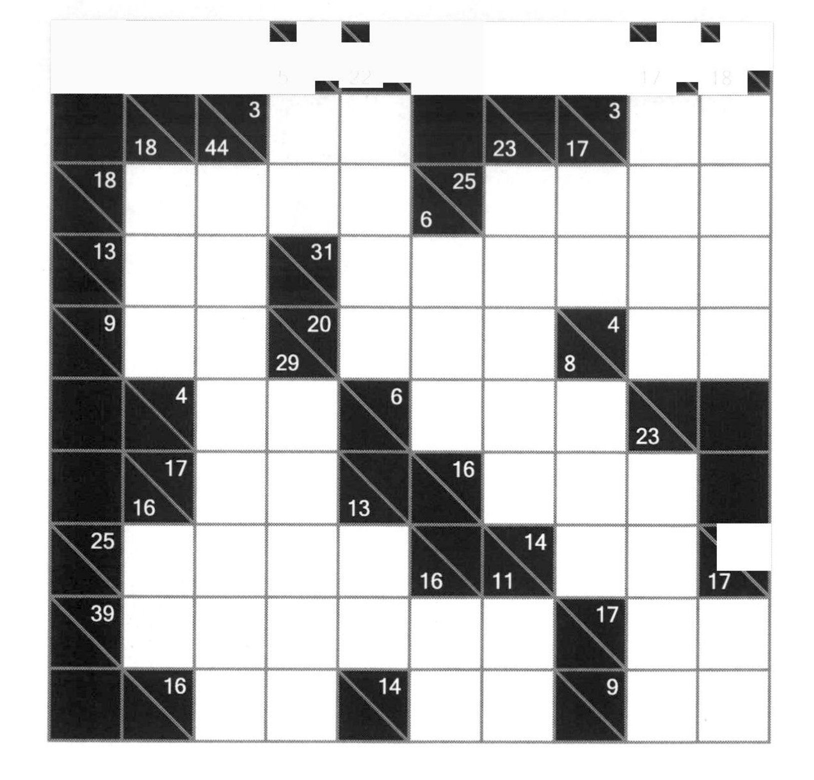

86

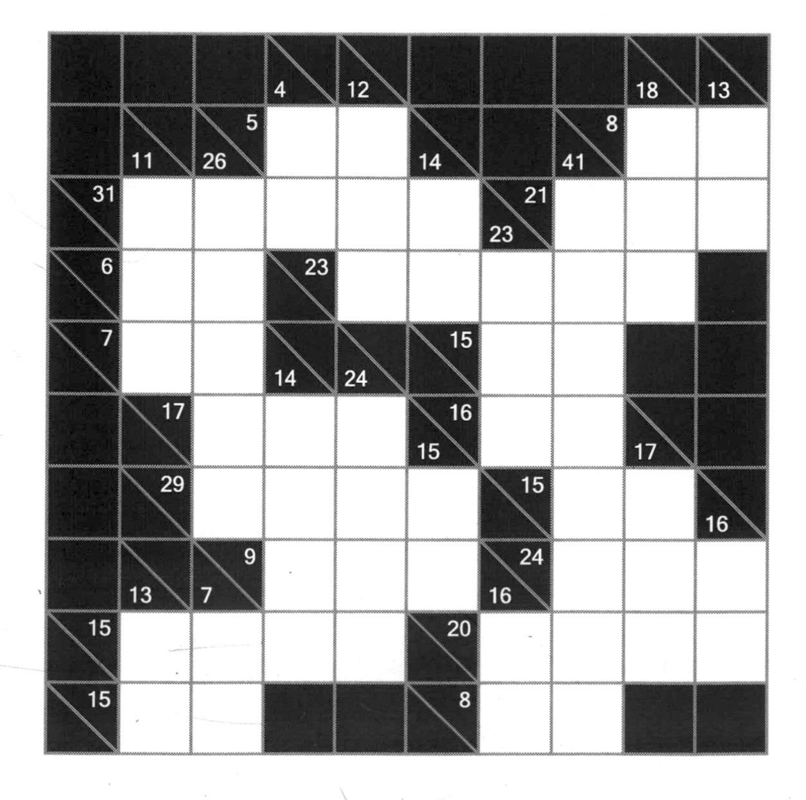

87

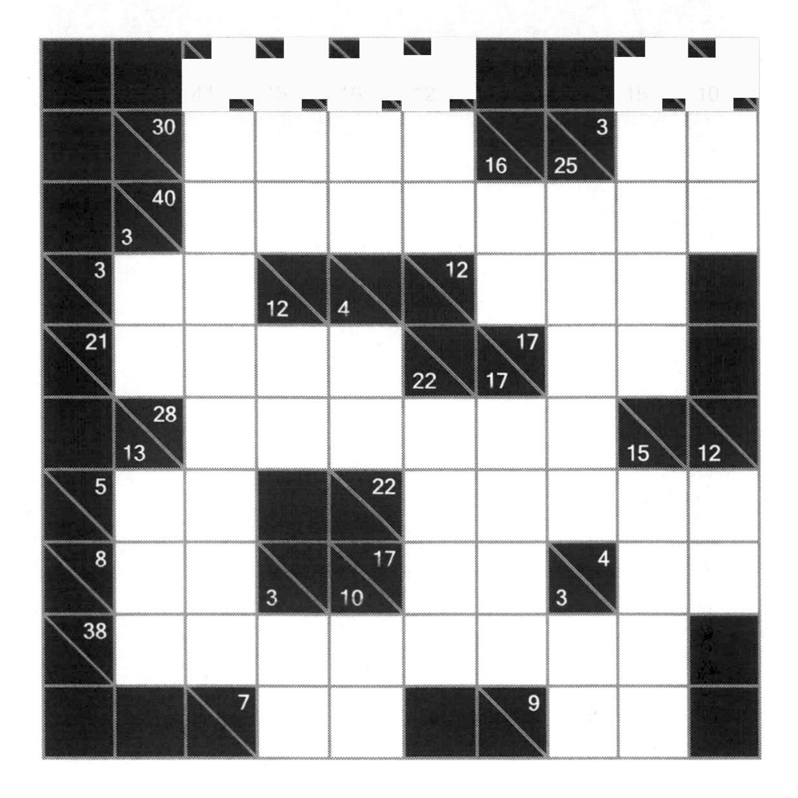

88

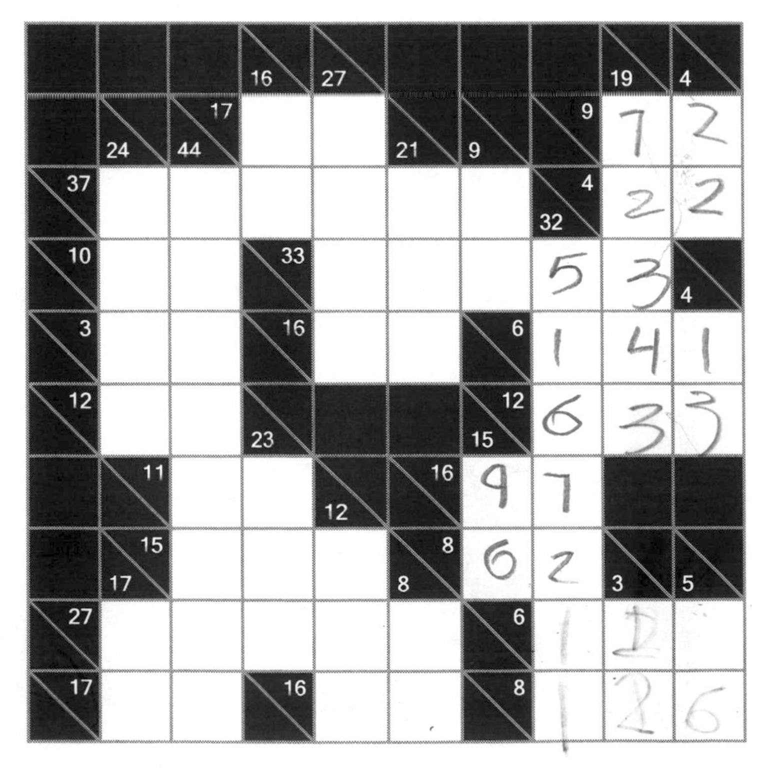

89

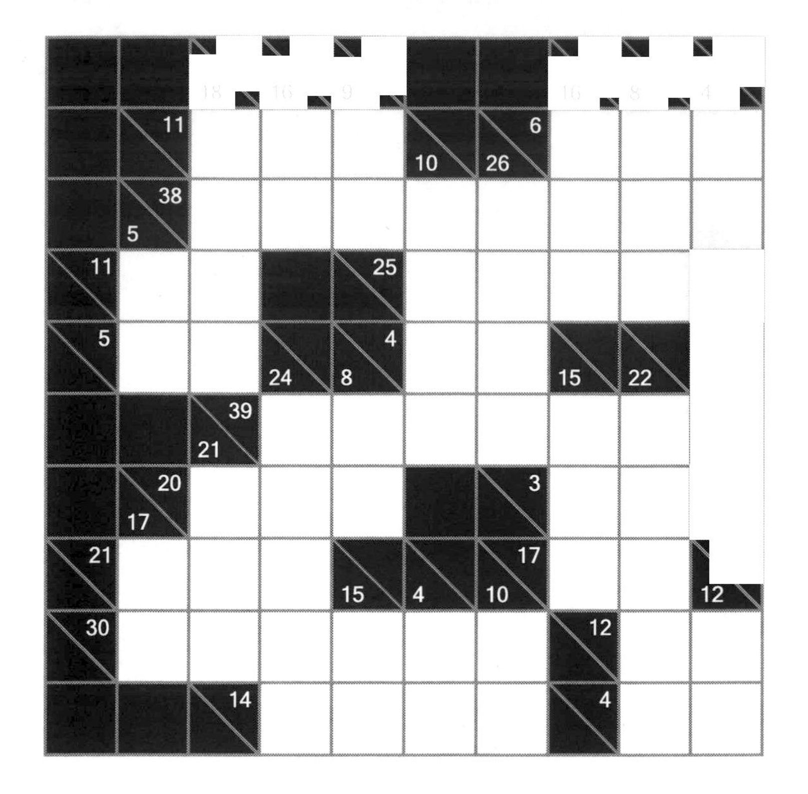

90

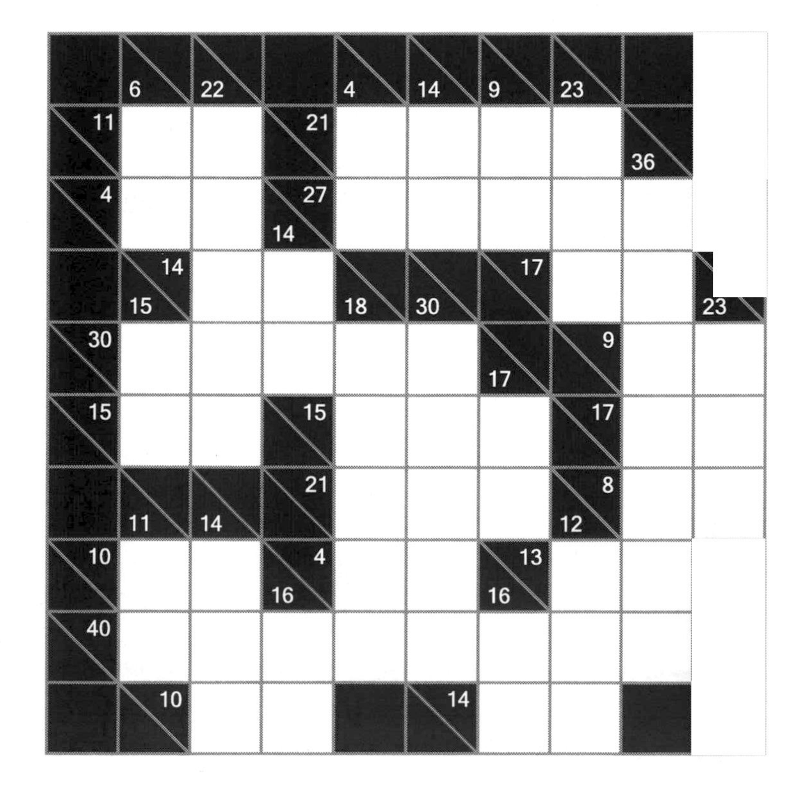

91

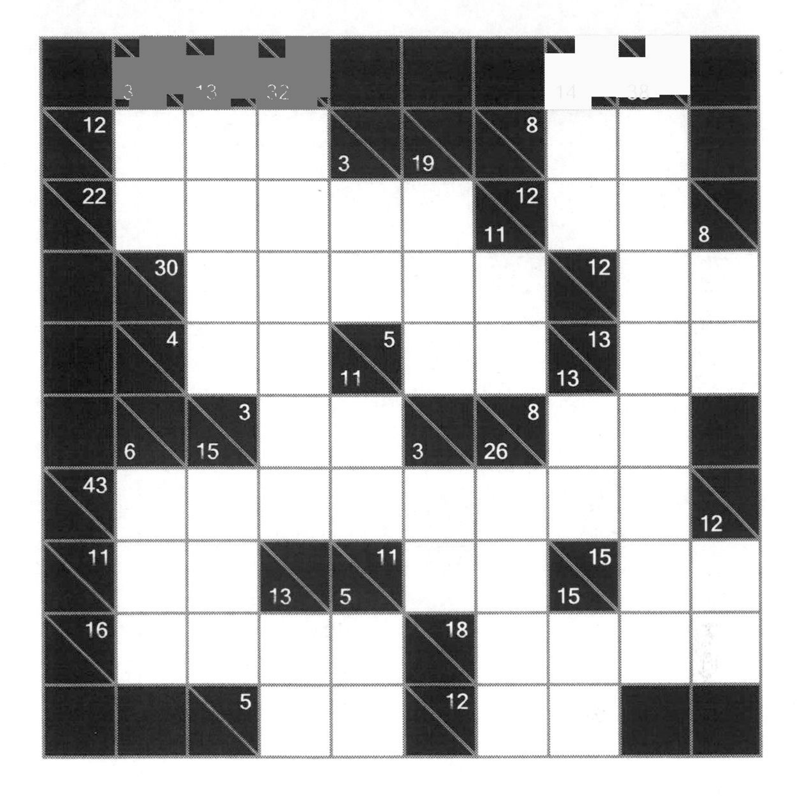

92

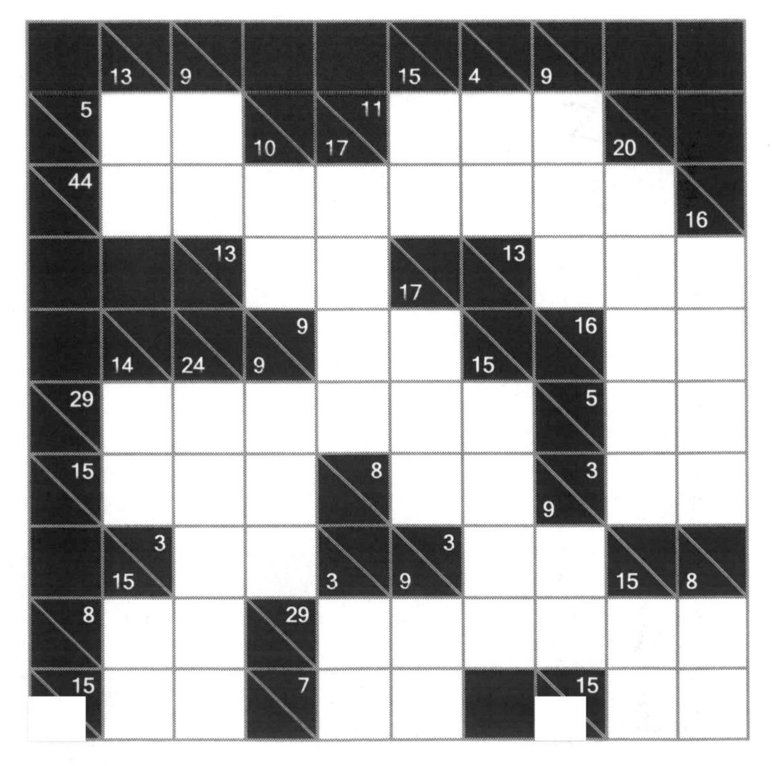

93

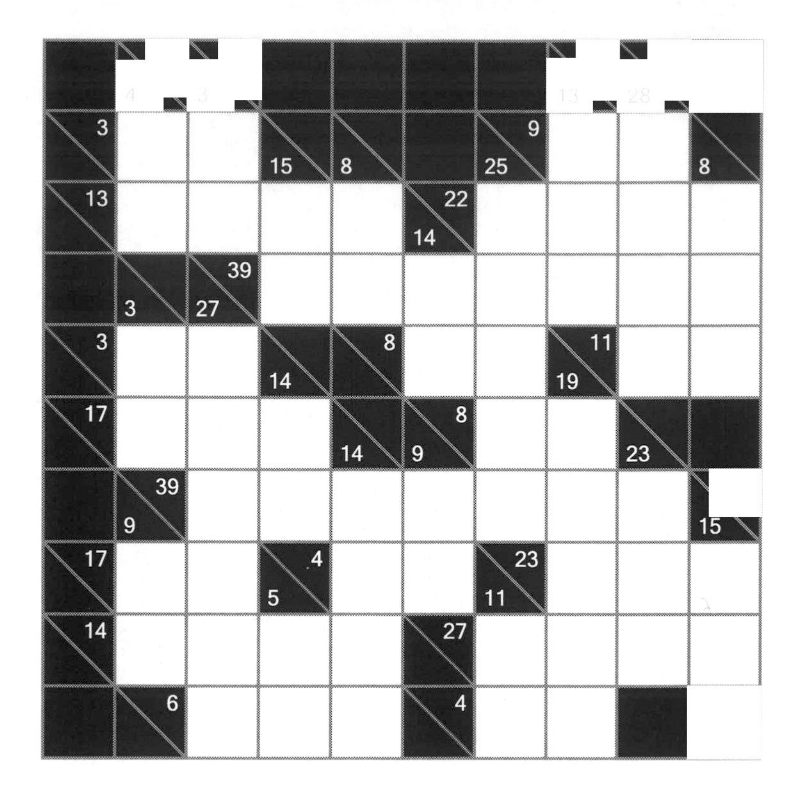

94

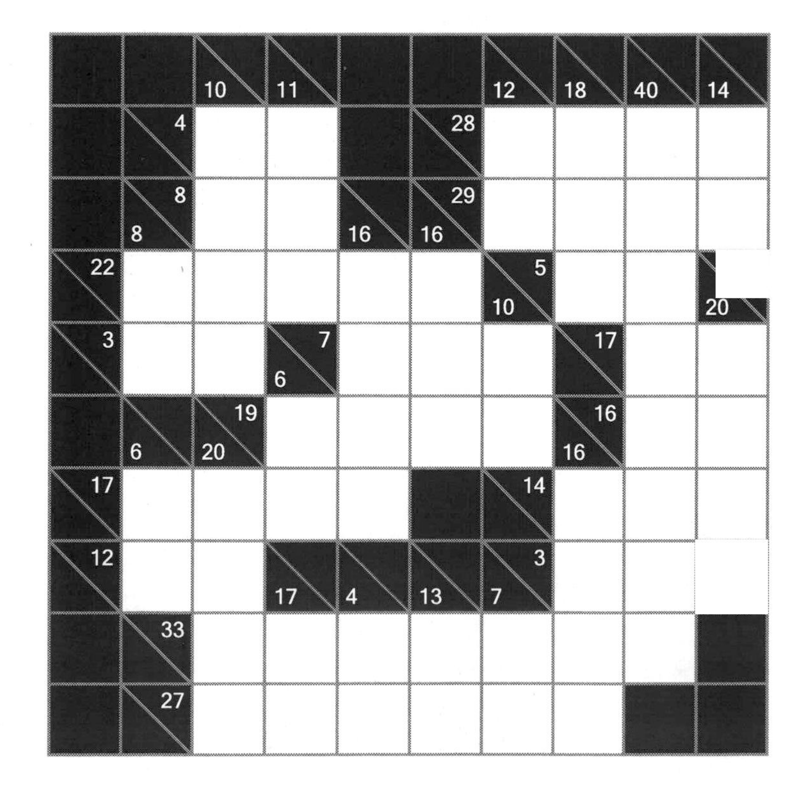

95

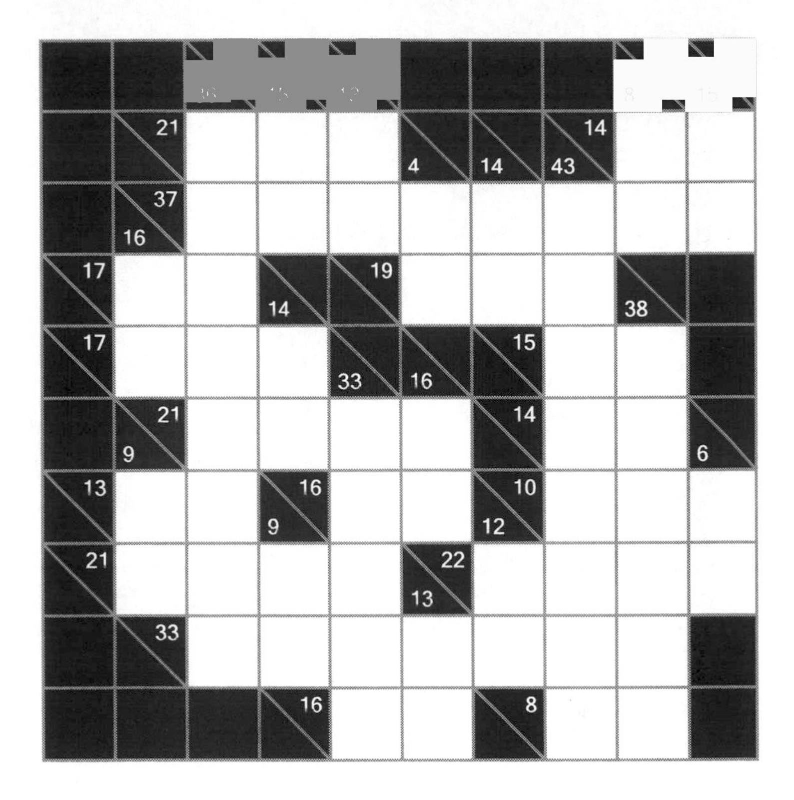

96

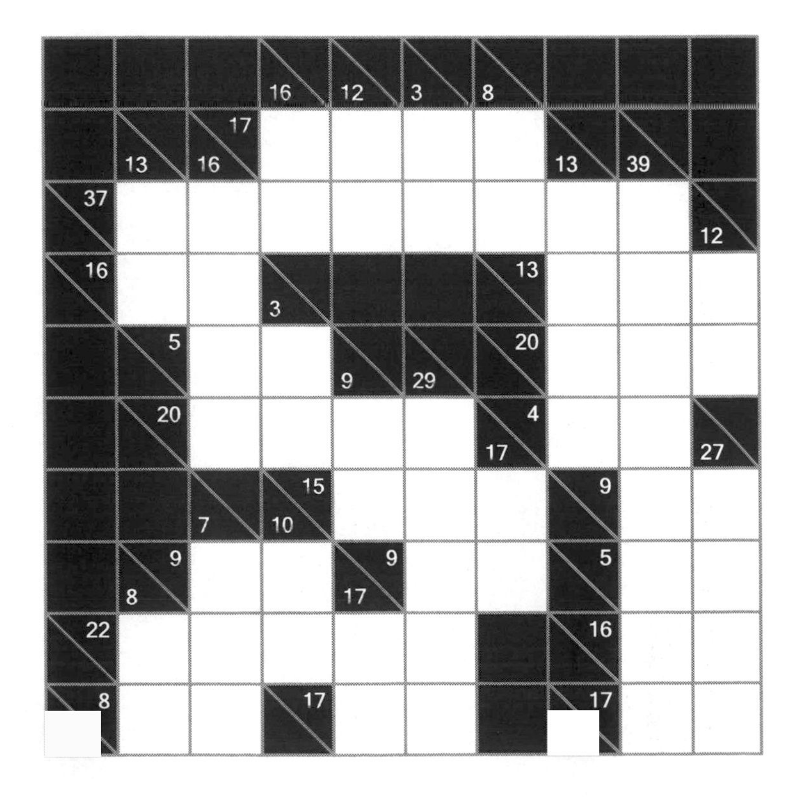

97

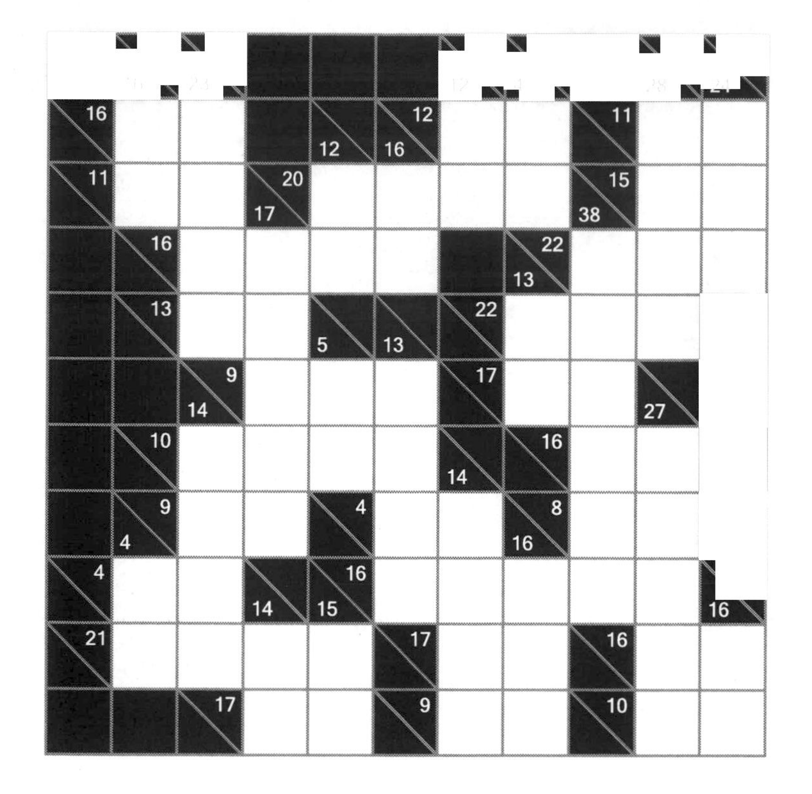

98

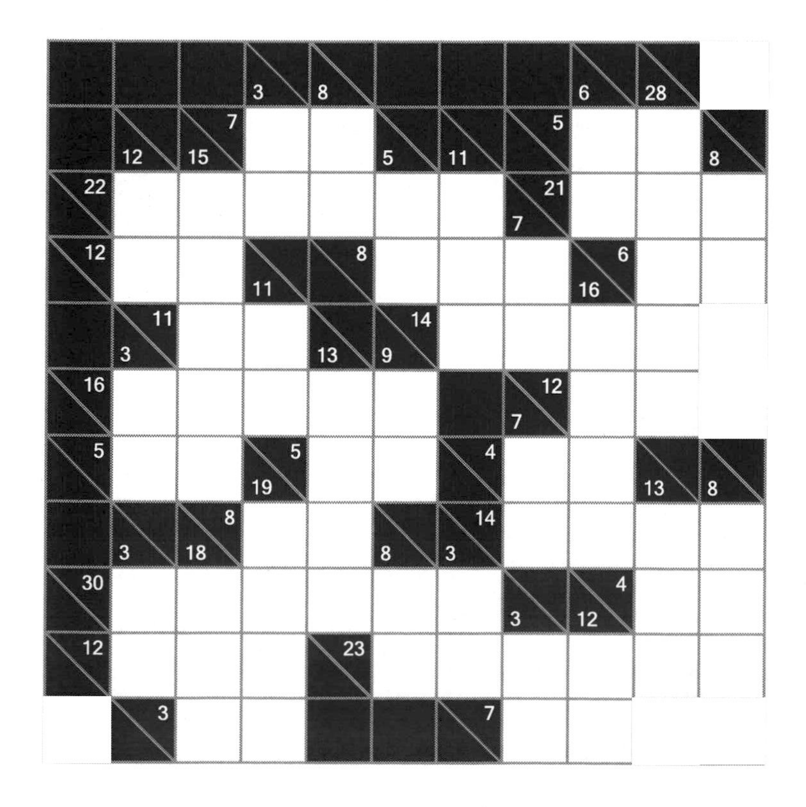

99

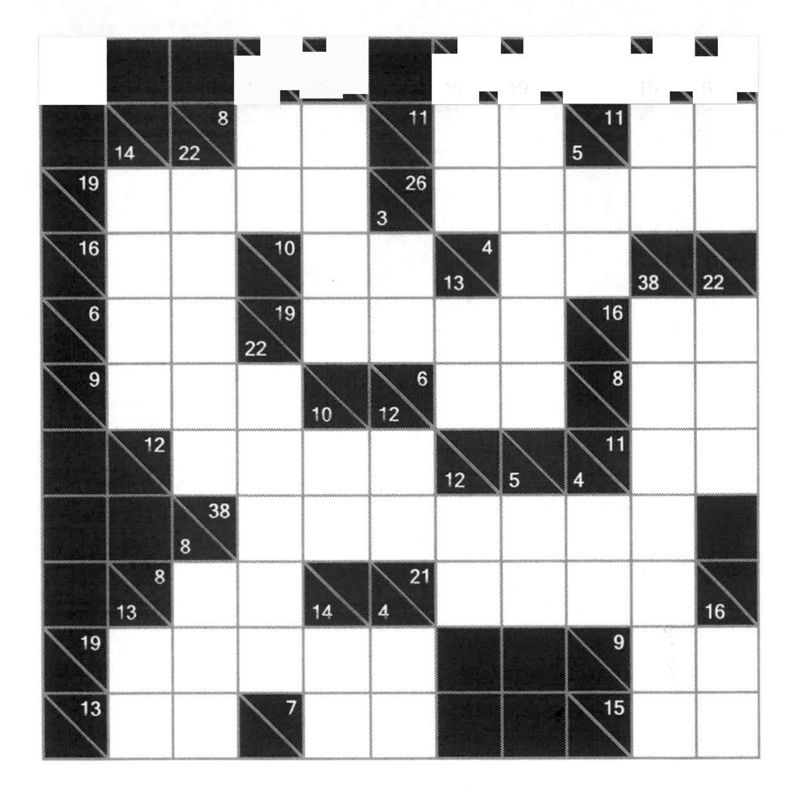

100

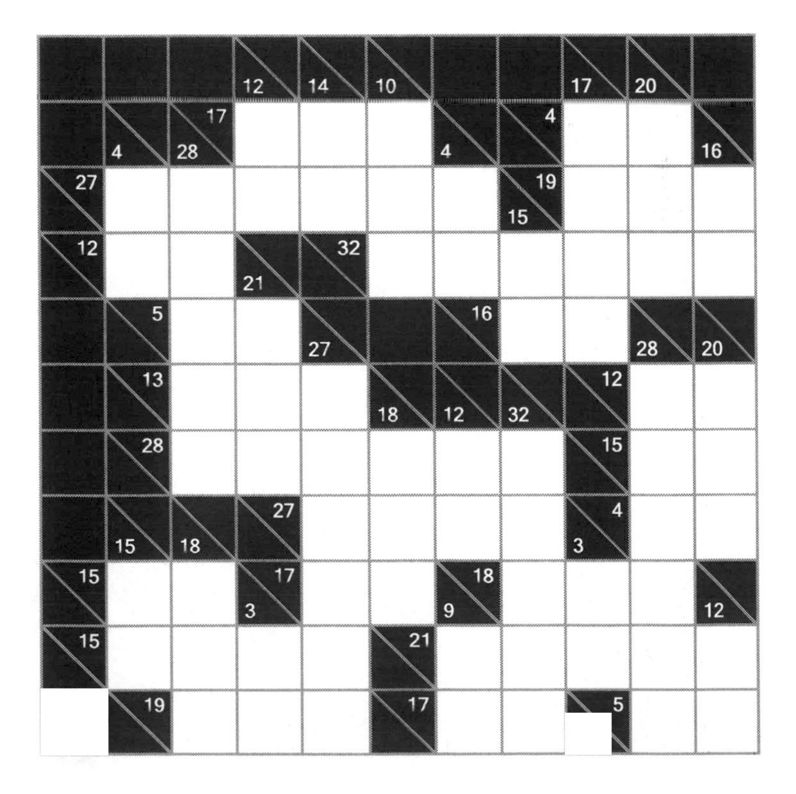

101

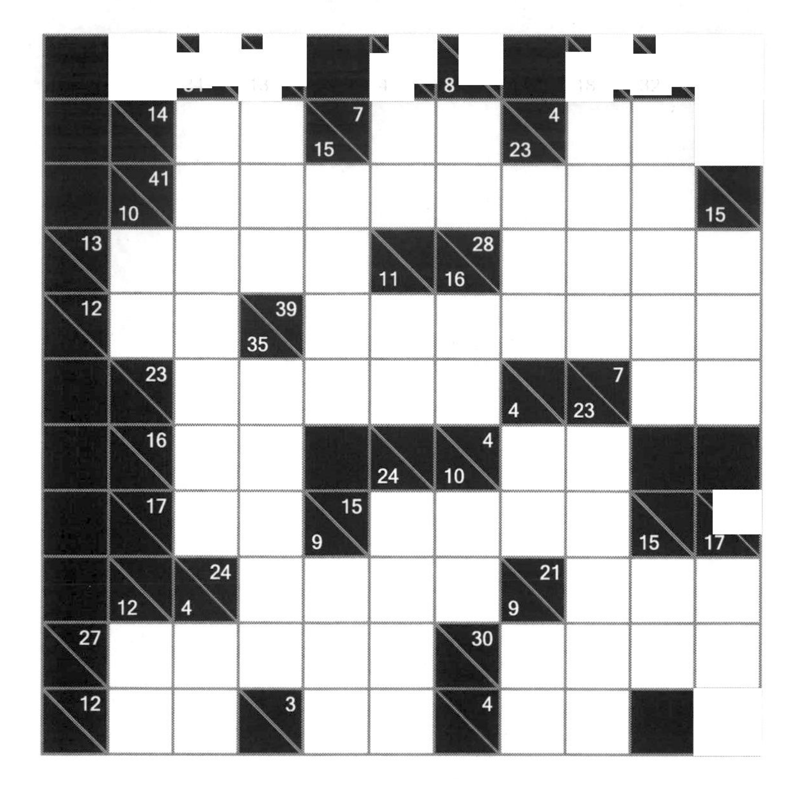

102

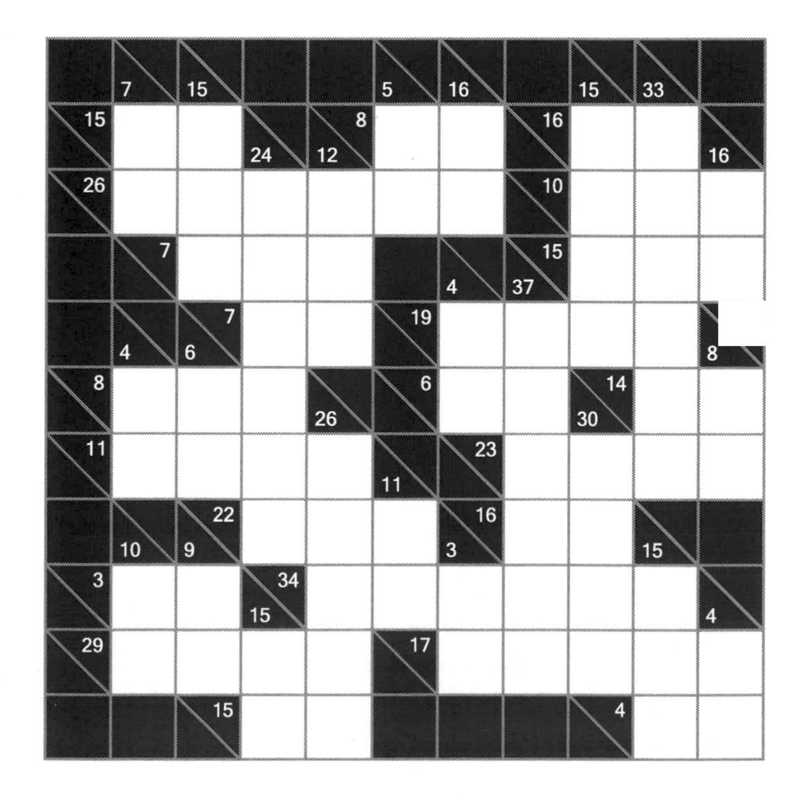

103

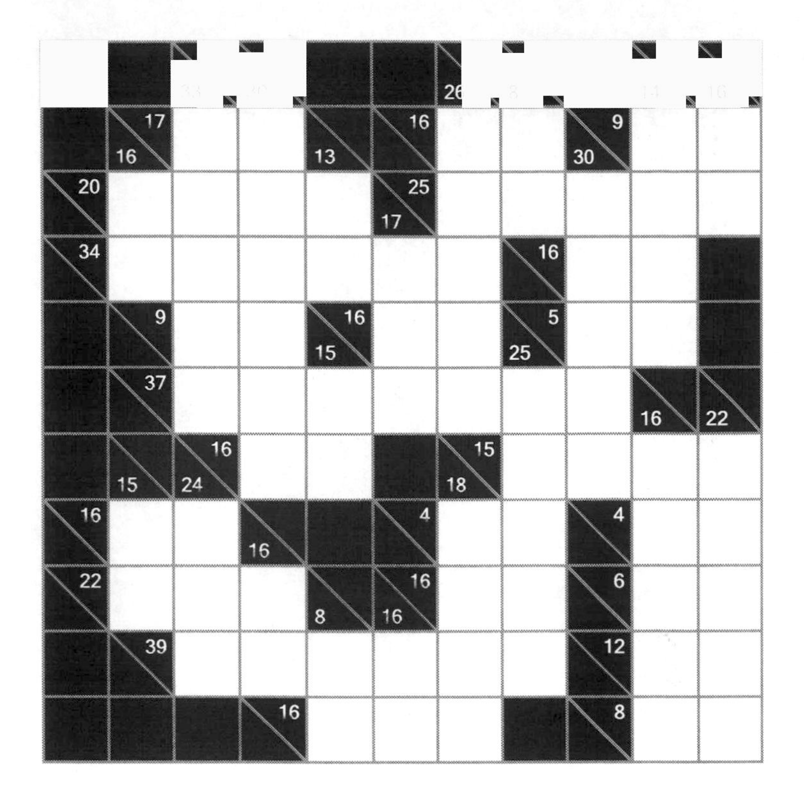

104

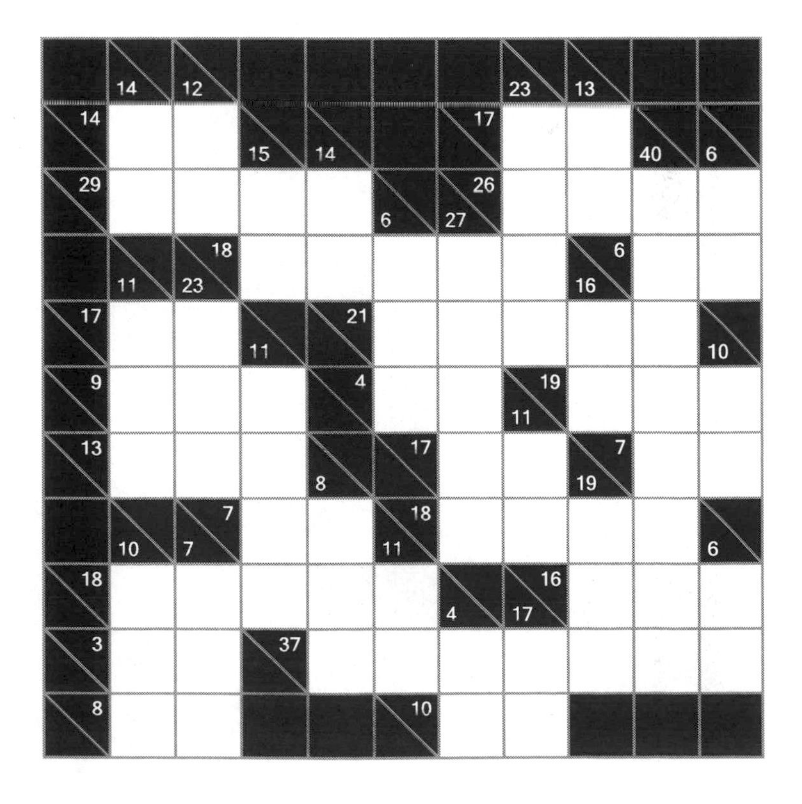

105

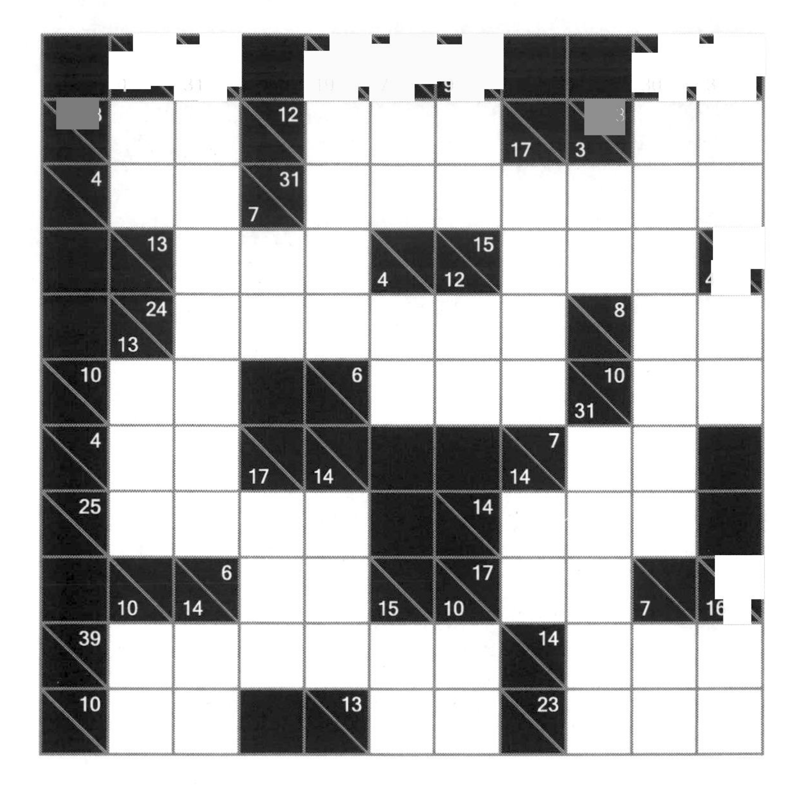

106

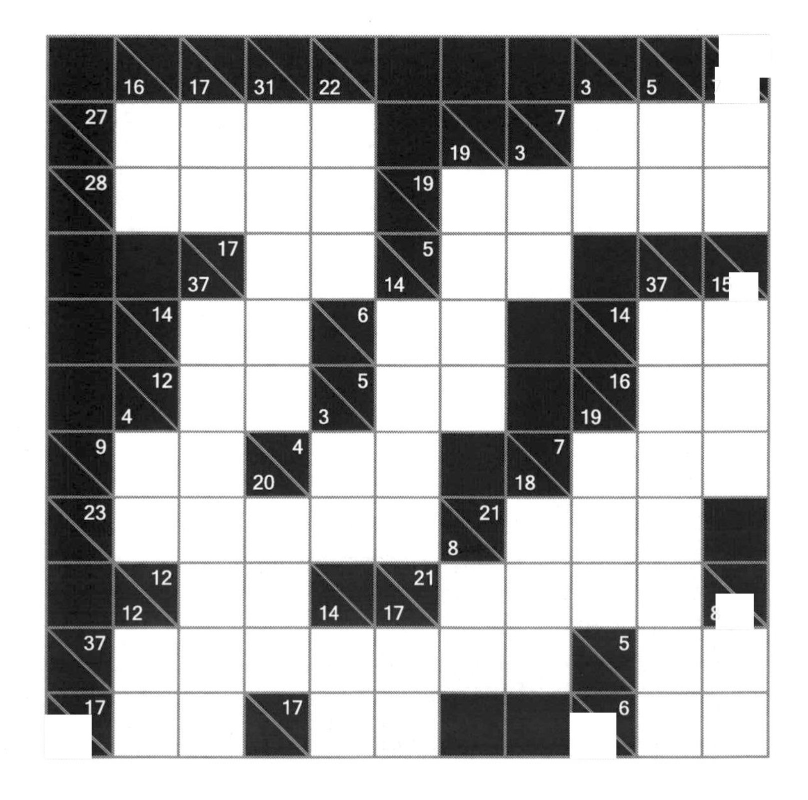

107

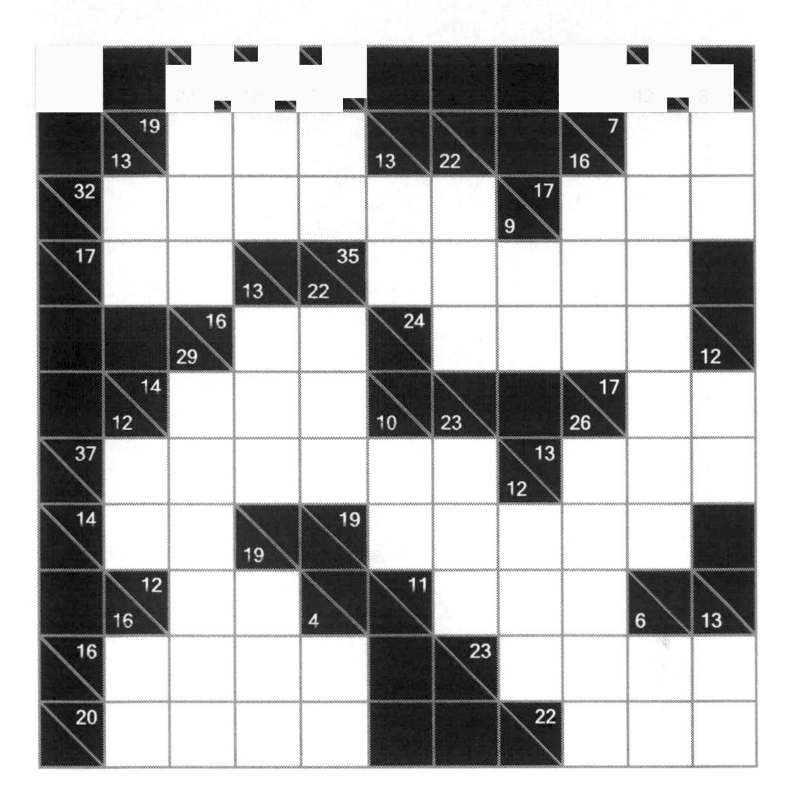

108

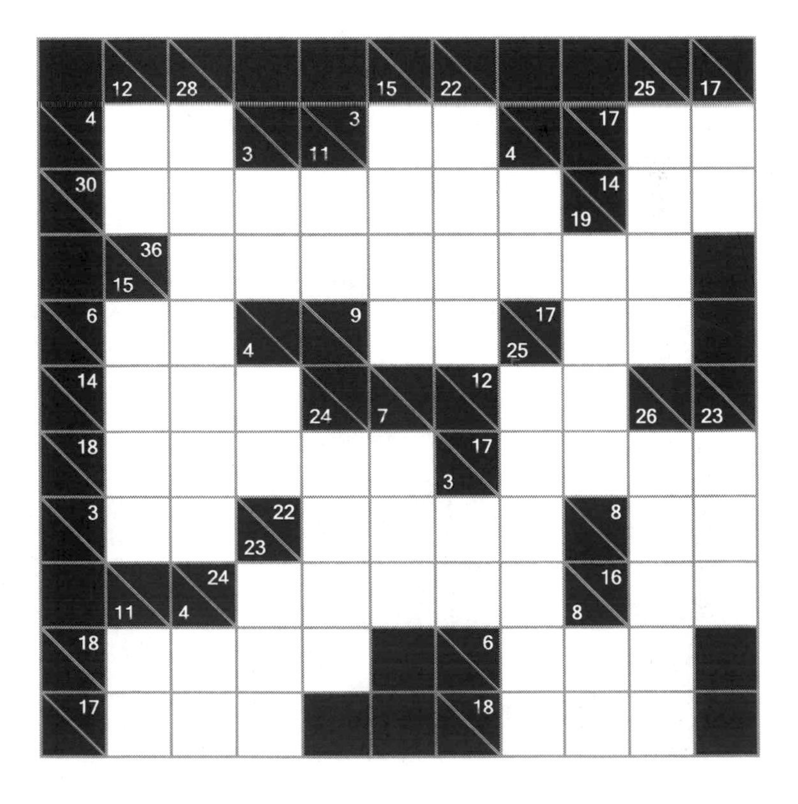

109

110

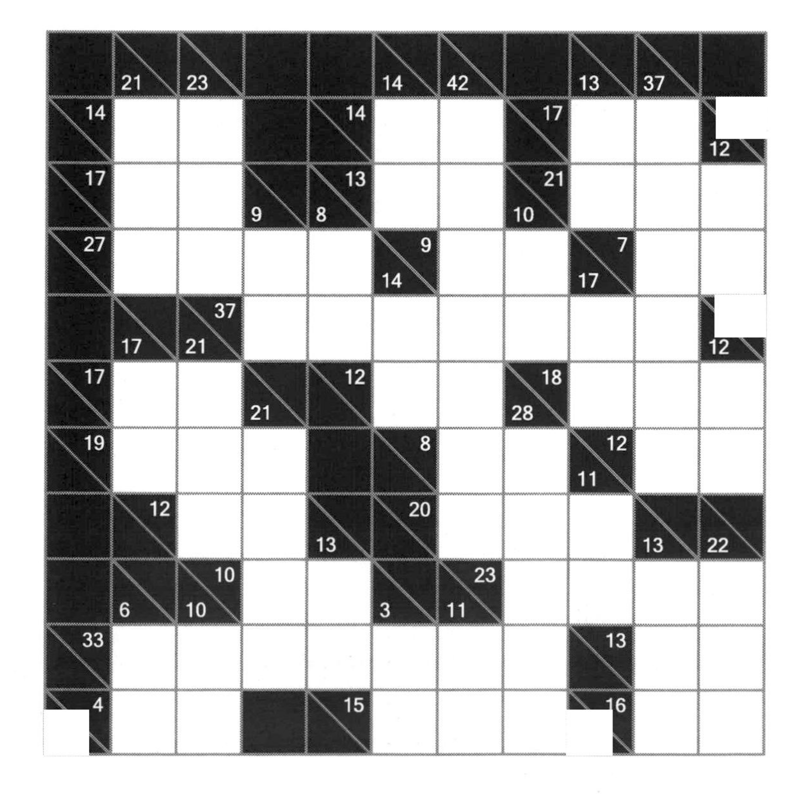

111

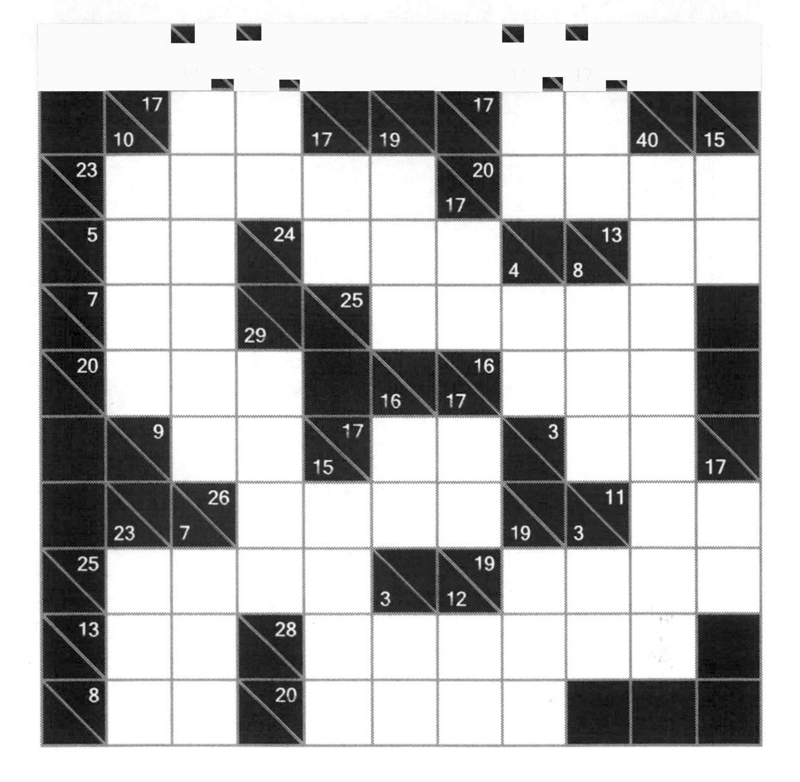

112

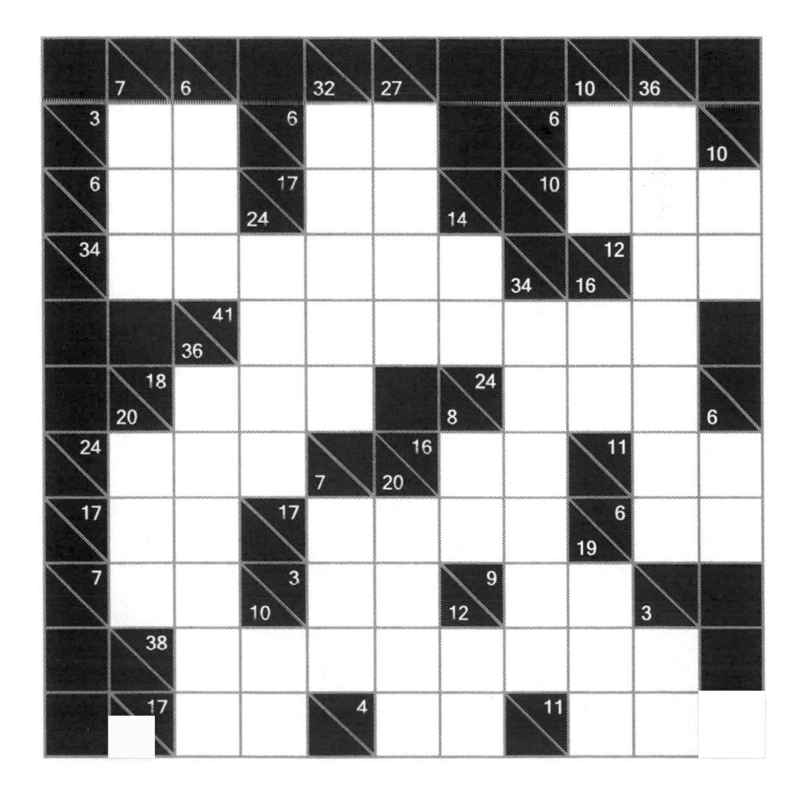

113

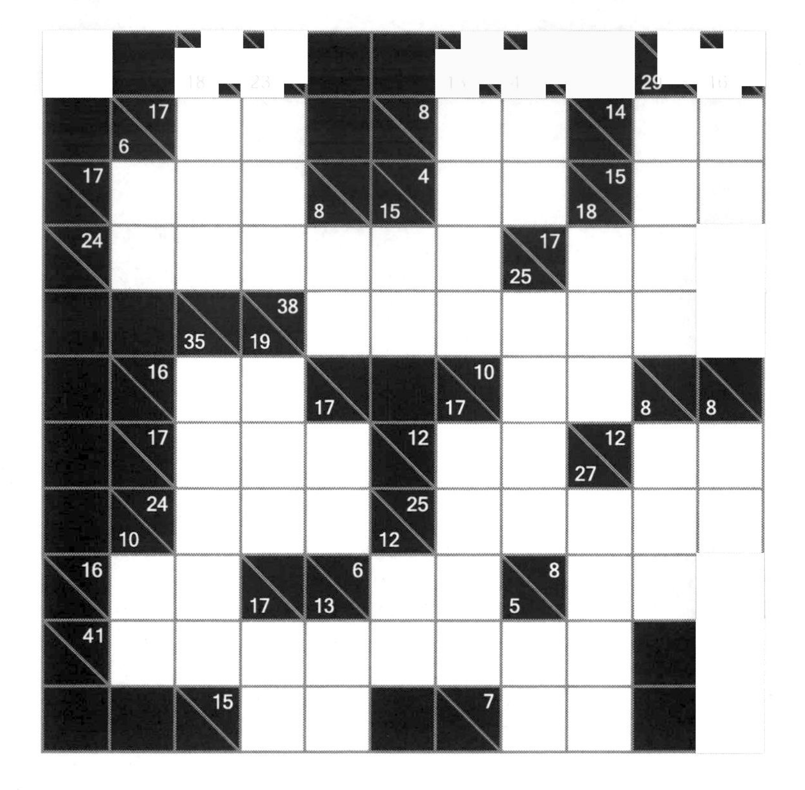

114

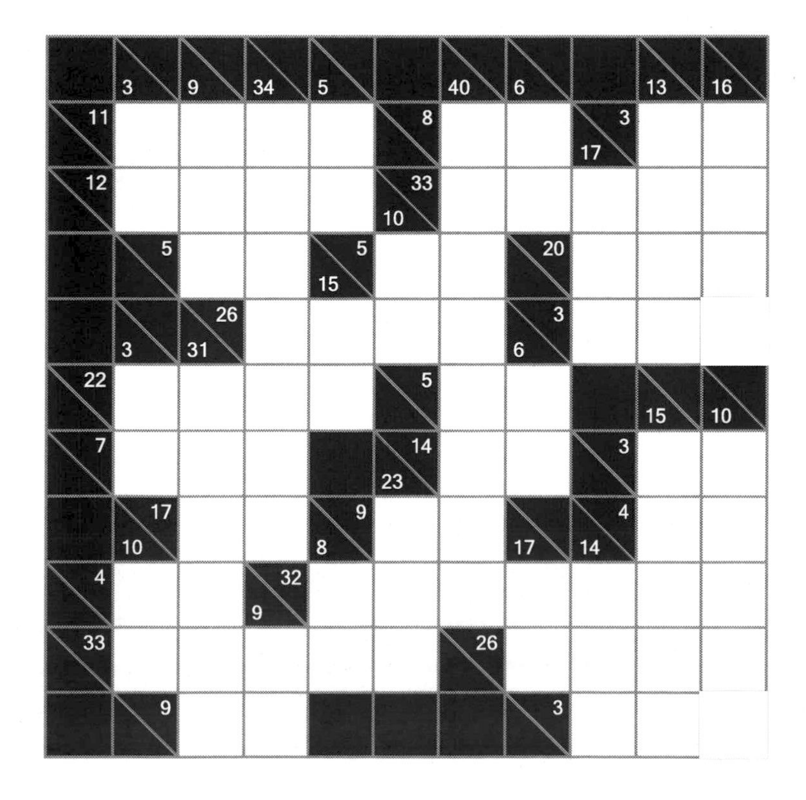

115

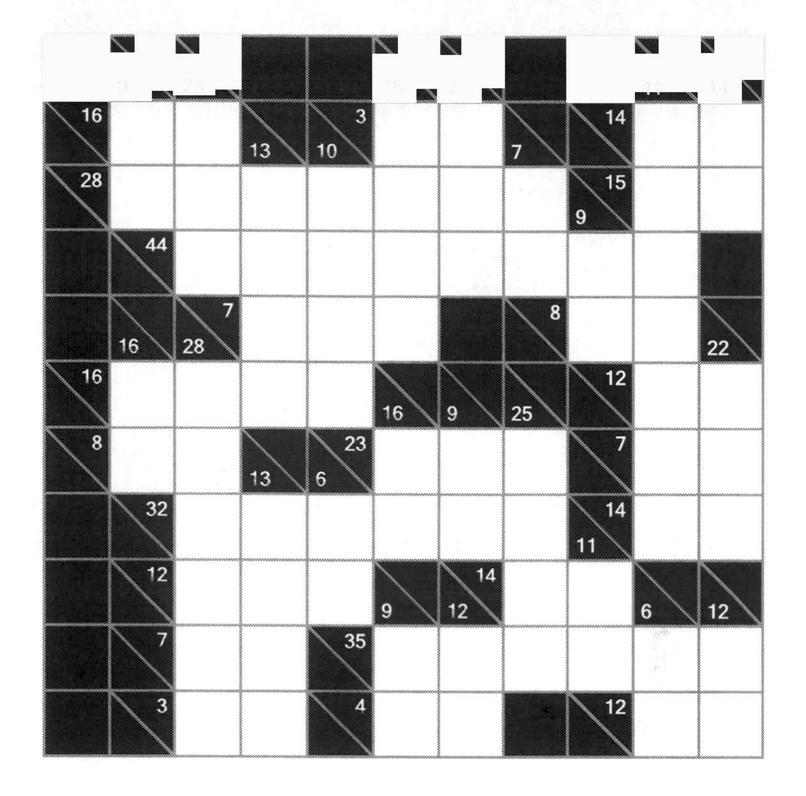

116

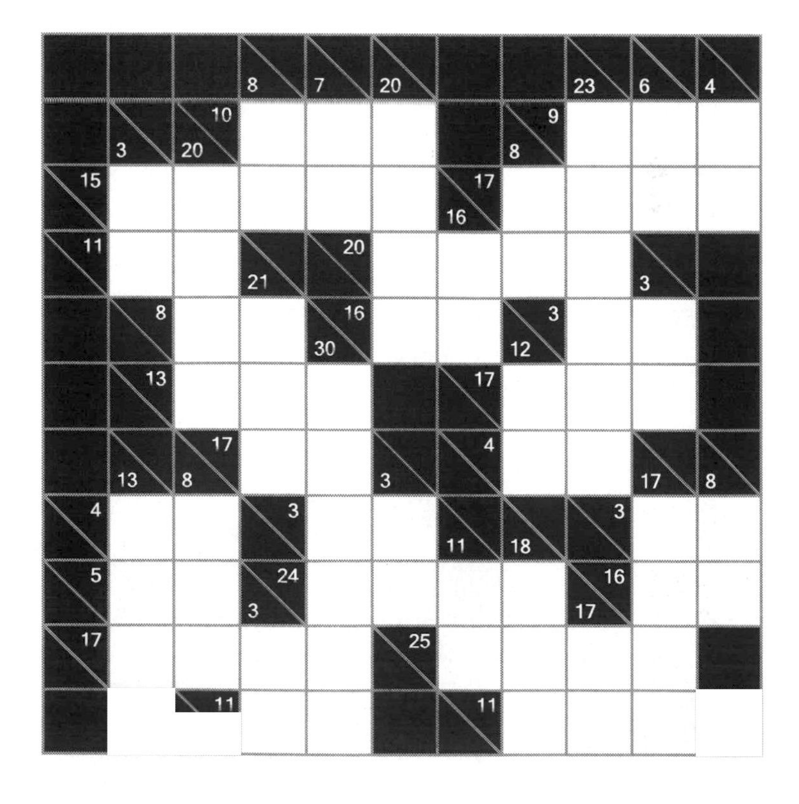

117

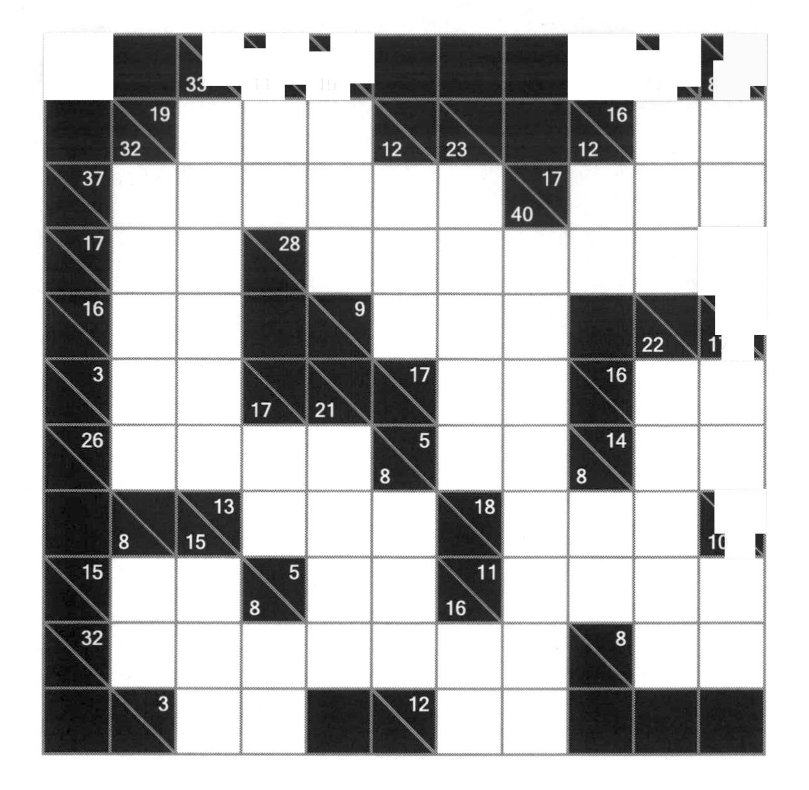

118

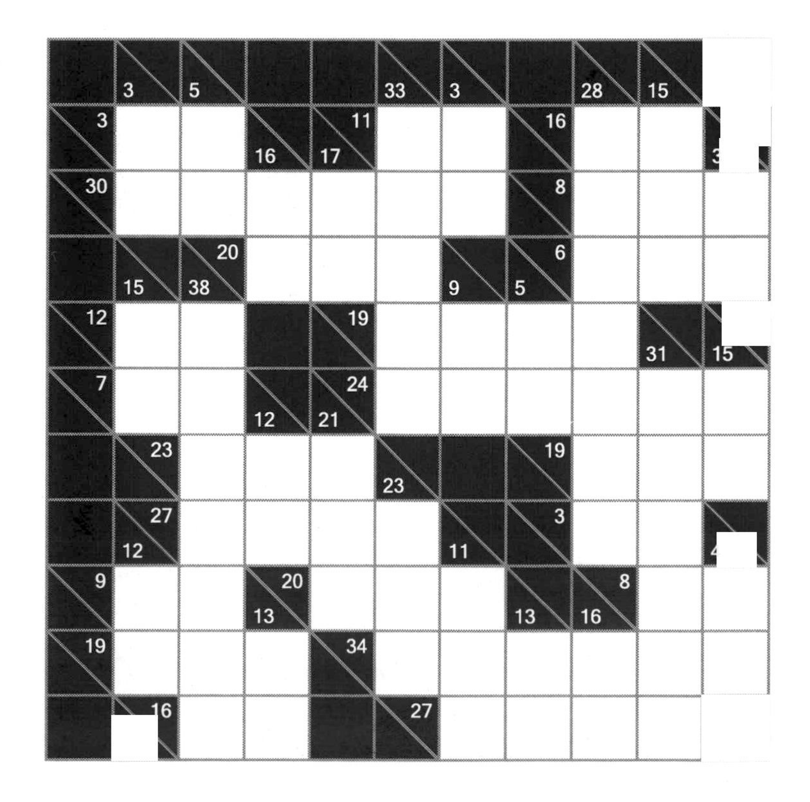

119

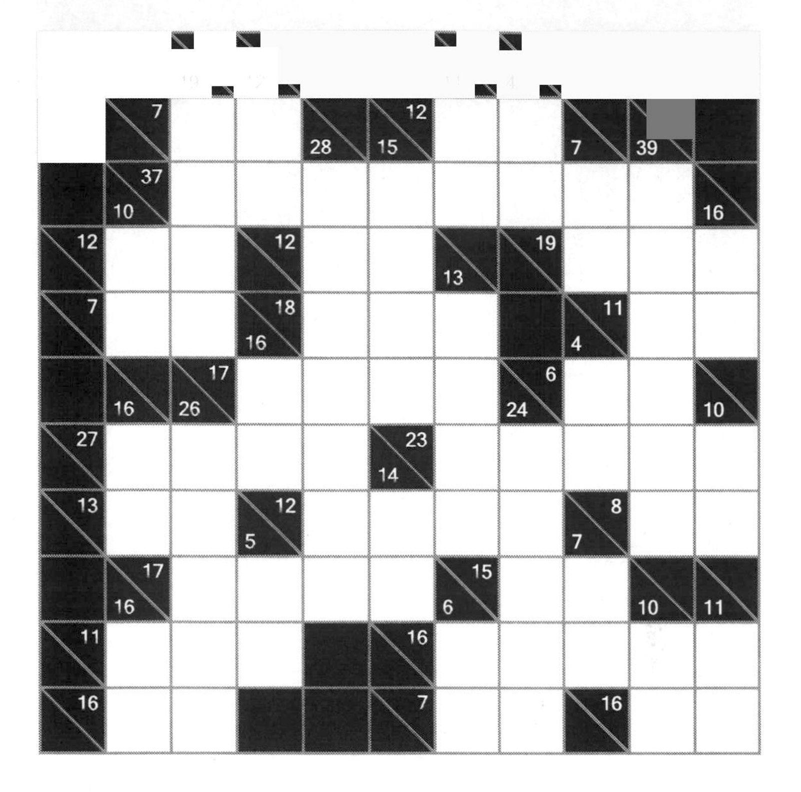

120

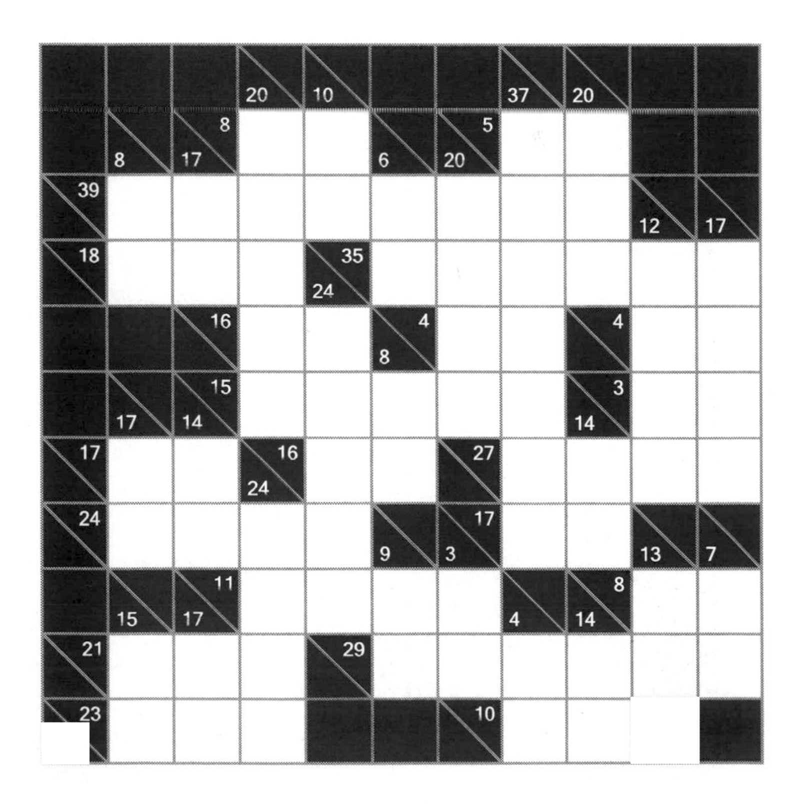

Binary Puzzles

The goal of a binary puzzle is to fill in the grid with the numbers 0 and 1 according to the following rules:

- There are as many ones as zeros in every row and every column (or one more for odd sized grids).
- No more than two of the same number can be next to or under each other.
- Each row is unique, and each column is unique.

At http://www.puzzlebooks.net you find Binary Puzzle books and e-books, free Binary Puzzles, discount codes and book giveaways.

	0		1		1	
			1	1	0	
					1	0
1		0			0	
1	0					0
	1	1		1		
		0	0	1	1	0

0	0	1	1	0	1	1
1	0	0	1	1	0	1
0	1	1	0	1	1	0
1	1	0	1	0	0	1
1	0	1	1	0	1	0
0	1	1	0	1	0	1
1	1	0	0	1	1	0

121

Easy

0			1			1
1				1	0	1
1		0	0			0
0	1	1	0	0	1	
1						
1	1			1	0	

122

Easy

		1			1
1				1	0
0			1	0	
			0		0
	0	0			
1		0	0	1	0

123

Easy

	1					1	
0		1	0		0		
0	1	0	1	0		0	1
		1			0	1	0
			1	0		0	1
0					1		
	0					1	0
1			1			0	0

Futoshiki

The goal of Futoshiki is to place one number in each empty cell, so that each column and row contains each number exactly once. Some numbers may be given at the start. In addition, inequality constraints are specified between some of the squares, such that the number must be higher or lower than its neighbor. These constraints must be honored as the grid is filled out.

At http://www.puzzlebooks.net you find Futoshiki books and e-books, free Futoshiki puzzles, discount codes and book giveaways.

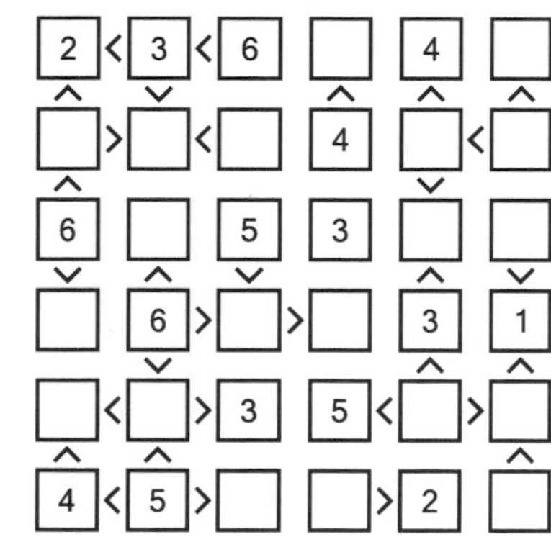

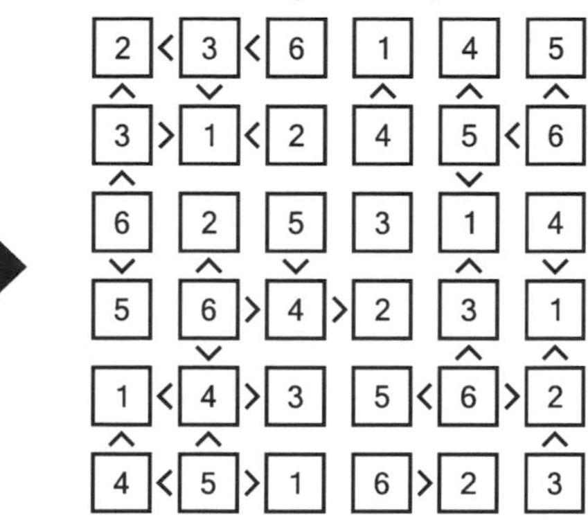

124

Easy

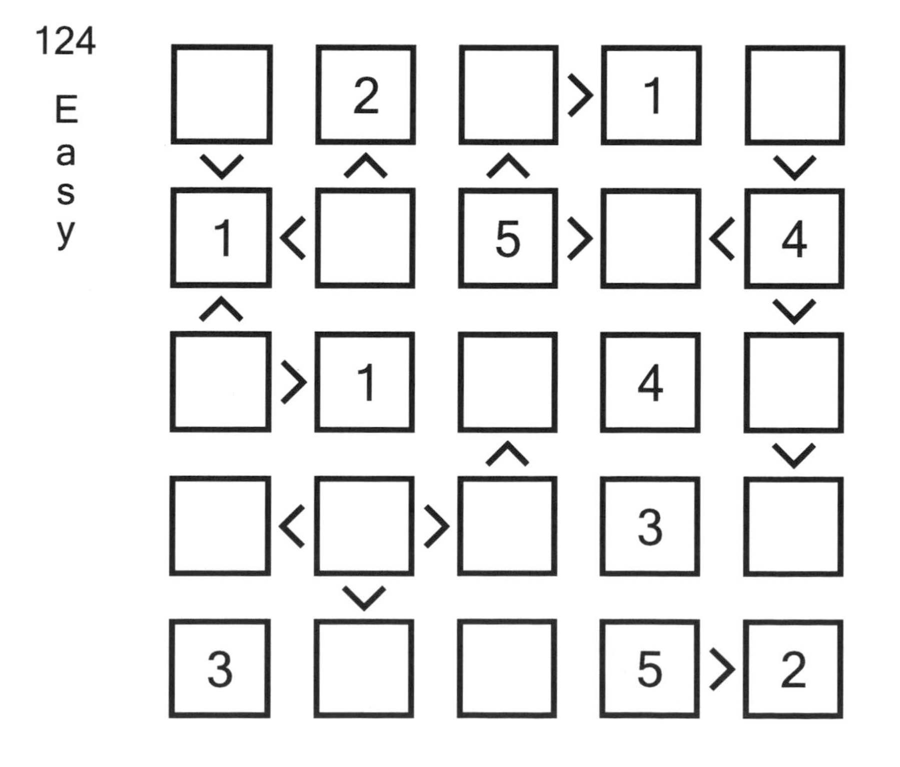

125

Easy

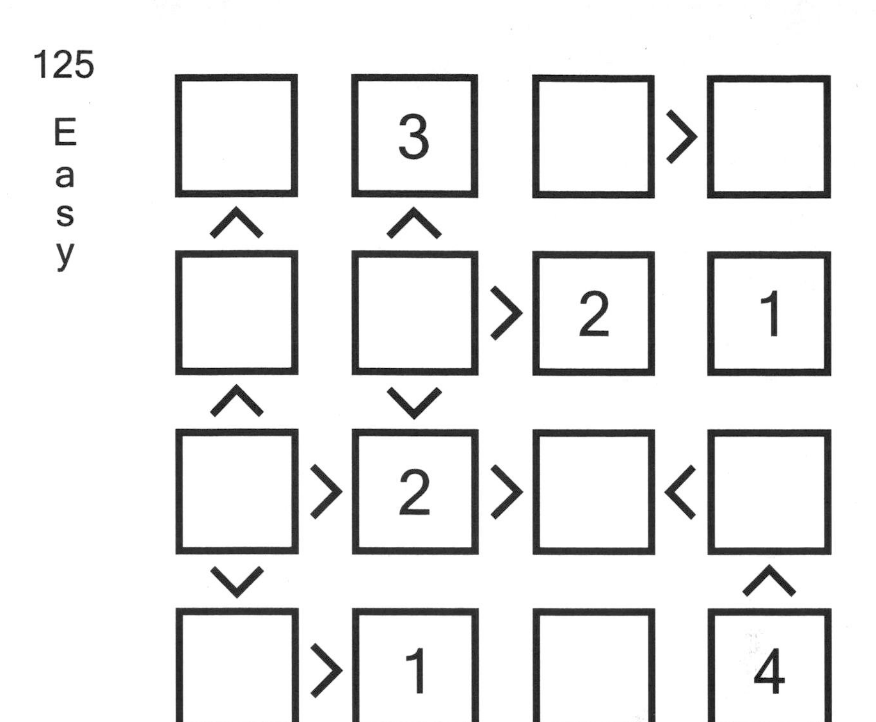

126

Easy

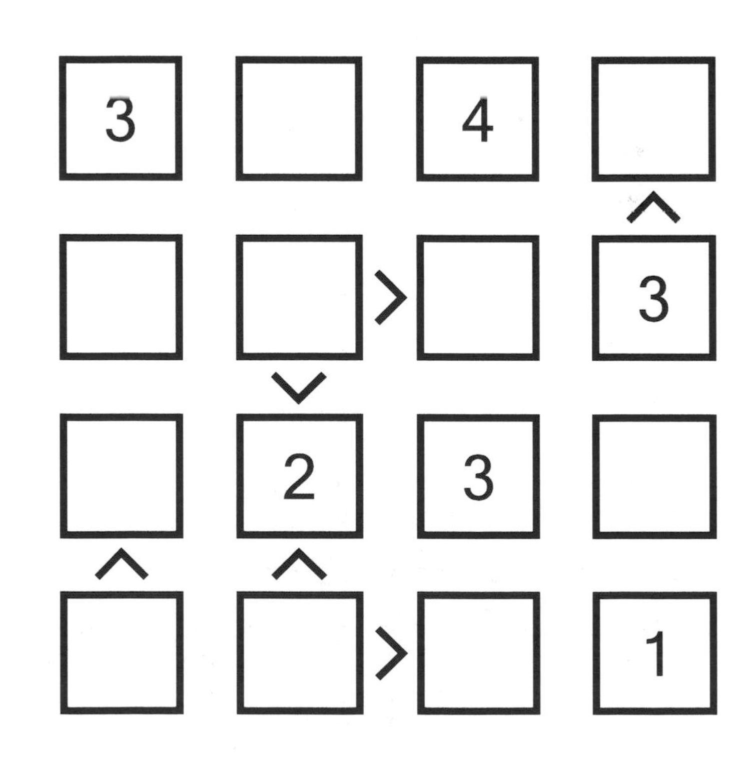

Killer Sudoku

The goal of Killer Sudoku is to fill in the empty cells, one number in each, so that each column, row, and region contains each number exactly once. The sum of all numbers in a cage (indicated by the dashed lines) must match the small number printed in its corner. No number can be repeated within a cage.

At http://www.puzzlebooks.net you find Killer Sudoku books and e-books, free Killer Sudoku puzzles, discount codes and book giveaways.

7		4		12		11	16	
7		24					14	5
12	12		5	14				
	15			13			27	
		13	9		13			
11	13		12			22	5	11
		8						
8		8	13	12	25			
16						8		

→

2	5	3	1	6	4	8	7	9
6	1	9	8	7	2	3	5	4
7	8	4	3	9	5	2	6	1
4	6	7	2	5	8	1	9	3
1	2	5	6	3	9	4	8	7
3	9	8	7	4	1	6	2	5
8	4	1	5	2	7	9	3	6
5	3	2	9	1	6	7	4	8
9	7	6	4	8	3	5	1	2

127

Easy

13			12	10		15	
11				13			
18			5		12	15	
7		10		7			14
11	7	7			19		
			10				
9		11	3	11	7	18	
13							

128

Easy

8	19		13		12		11
				7	13		
13		15				15	3
		8		17			
8		7				7	12
8		13	10		5		
14			4			10	10
	13			13			

129

Easy

14		10			5		19
8	15	10		7			
			6		18	9	
6		10				7	
6			18	7	10	13	
15	7	6					8
				19		14	
18			3				

Jigsaw Sudoku

The goal of Jigsaw Sudoku is to fill in the empty cells, one number in each, so that each column, row, and region contains each number exactly once. The regions are of irregular shape.

At http://www.puzzlebooks.net you find Jigsaw Sudoku books and e-books, free Jigsaw Sudoku puzzles, discount codes and book giveaways.

2	7				1		8	3
	8	3	1	4	7			2
5		9		8			1	4
3	5	6		7	4		2	9
1		8	4	9		7	3	
6		1		2		8	9	
	9	7			6	2	4	
7	1		2	3		4	6	
4	3			6	8		7	1

→

2	7	4	6	5	1	9	8	3
9	8	3	1	4	7	6	5	2
5	6	9	7	8	2	3	1	4
3	5	6	8	7	4	1	2	9
1	2	8	4	9	5	7	3	6
6	4	1	5	2	3	8	9	7
8	9	7	3	1	6	2	4	5
7	1	5	2	3	9	4	6	8
4	3	2	9	6	8	5	7	1

130

Easy

3	4			5	1
			5		
6	5	4			
		5	4	3	
4		6		2	5
5			1		

131

Easy

6	2		1		3
	6	2			
		3	5	2	
		1	3		2
		4	6	1	
	5			3	

132

Easy

1	6	2		3	
	5				2
2			3	6	
		3		1	6
		1			3
5		4			

CalcuDoku

The goal of CalcuDoku is to fill the grid in with the numbers 1-N (N is the number of rows/columns in the grid) such that:

- Each row contains exactly one of each number.
- Each column contains exactly one of each number.
- Each bold-outlined group of cells (cages) contains numbers which achieve the specified result using the specified mathematical operation (+, -, ×, ÷). Sometimes the sign +, -, × or ÷ is omitted, in which case you also need to find the correct sign.
- Numbers may repeat within a cage.

At http://www.puzzlebooks.net you find CalcuDoku books and e-books, free CalcuDoku puzzles, discount codes and book giveaways.

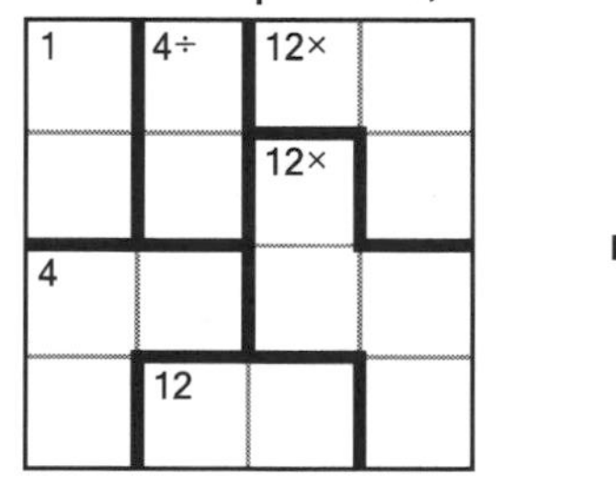

4	1	2	3
3	4	1	2
1	2	3	4
2	3	4	1

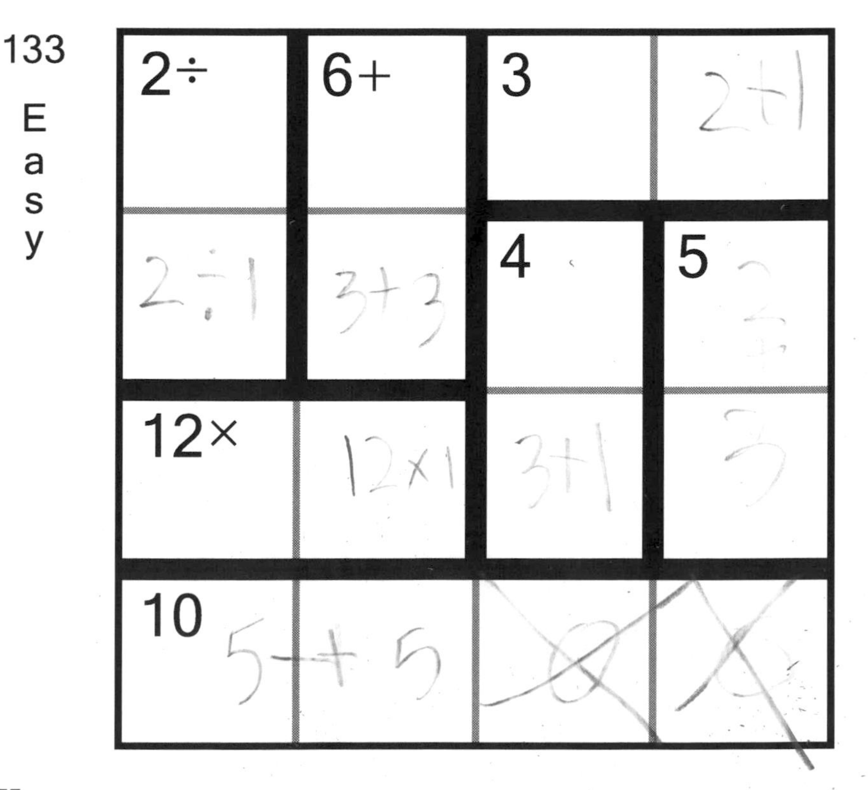

134

Easy

10+		24	6+	
	9+		6+	
8				12
		10		
1			9+	

135

Easy

2÷		5	15	
20			3−	12×
1−	12			
		2	8	
5÷				

Sudoku

The goal of Sudoku is to fill in the empty cells, one number in each, so that each column, row, and region contains each number exactly once.

At http://www.puzzlebooks.net you find Sudoku books and e-books, free Sudoku puzzles, discount codes and book giveaways.

9	4		2	3	6	8	1	
	3		5	4	1		2	6
6			7		9	3		
2	5				4			1
	1	3	9		8	5	7	
8		7			5			3
1		2			3	7		
5	9	4	6	1	7	2	3	
	7	6	8	9	2	1	5	4

9	4	5	2	3	6	8	1	7
7	3	8	5	4	1	9	2	6
6	2	1	7	8	9	3	4	5
2	5	9	3	7	4	6	8	1
4	1	3	9	6	8	5	7	2
8	6	7	1	2	5	4	9	3
1	8	2	4	5	3	7	6	9
5	9	4	6	1	7	2	3	8
3	7	6	8	9	2	1	5	4

136

Easy

		3	4	5	
			3	1	2
	4		2		3
3		2	5	4	
1	3			2	
			1	3	4

137

Easy

3			4	1	5
					2
4				2	
6	5	2	3	4	1
	6		2		
					4

138

Easy

		2		4	6
			1		
	5	1	6		3
	2	3	4		1
2	6		3		
1					5

Wordoku

The goal of Wordoku is to fill in the empty cells, one letter in each, so that each column, row, and region contains each letter exactly once.

At http://www.puzzlebooks.net you find Wordoku books and e-books, free Wordoku puzzles, discount codes and book giveaways.

A		F	E					B
H		G	F	I			E	D
	I	D	B					
	E	B	A	C	I		F	G
I	H		G		B	A	D	E
F		A	D	E		B	I	C
G	F		C	B			A	
	A		I	G	F	D	C	H
			H	A	E	G		F

→

A	C	F	E	D	G	I	H	B
H	B	G	F	I	A	C	E	D
E	I	D	B	H	C	F	G	A
D	E	B	A	C	I	H	F	G
I	H	C	G	F	B	A	D	E
F	G	A	D	E	H	B	I	C
G	F	H	C	B	D	E	A	I
B	A	E	I	G	F	D	C	H
C	D	I	H	A	E	G	B	F

139

Easy

H	A		C			G	
	D	E		H			B
					E	B	
A			B	D	H	F	
	H				C		F
	F	A		G		H	
G	C		A	B			H
	B	F		A	G	D	C

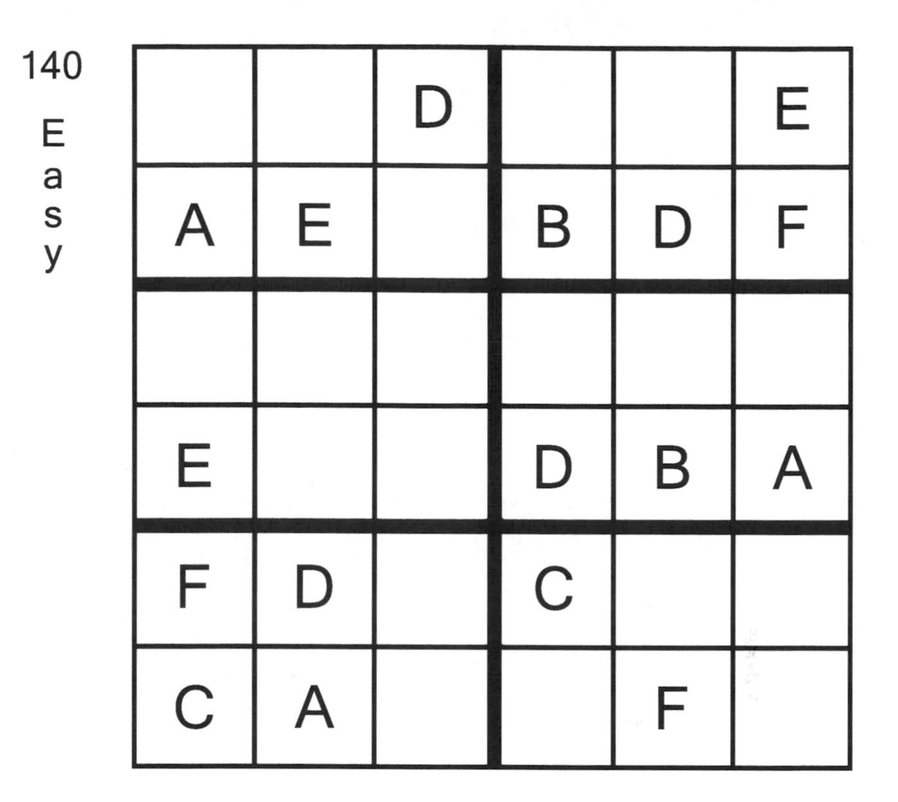

141

Easy

	A	D			
		B	A	F	D
A					
	D	F			C
	B	A	D		
D		E	C	B	

Solutions

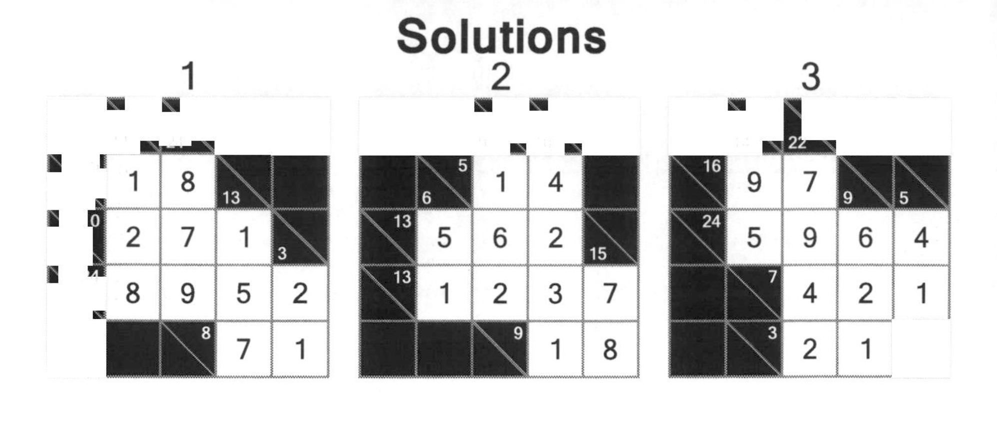

4

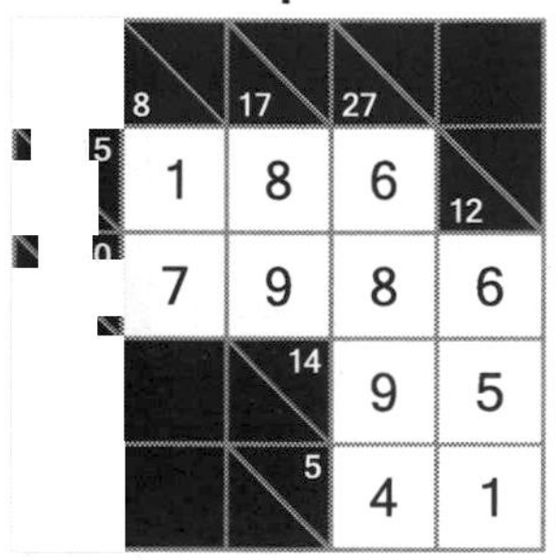

5

■	■	↓25	↓14	■
■	→10 ↓11	7	3	■
→7	4	1	2	↓16
→28	7	8	4	9
■	→21	9	5	7

6

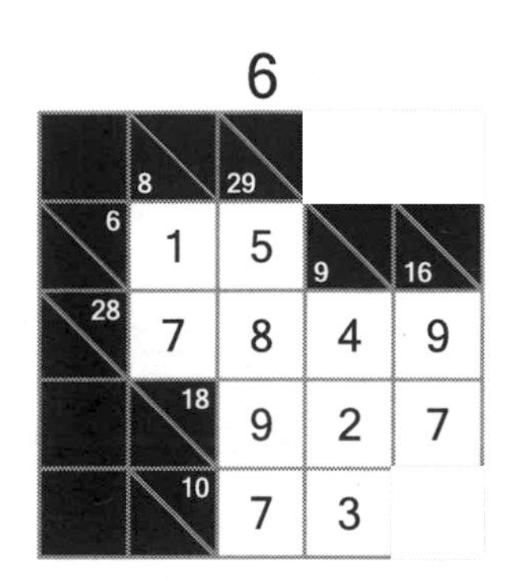

7

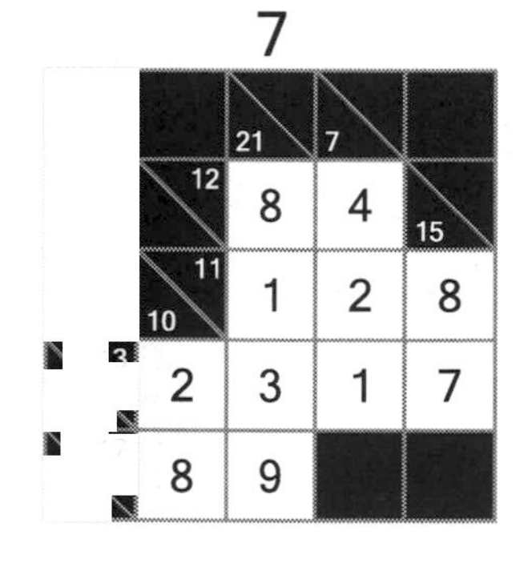

8

■	■	■	↓11	↓21
■	↓9	→3 ↓7	2	1
→27	7	6	5	9
→11	2	1	3	5
■	■	→7	1	6

9

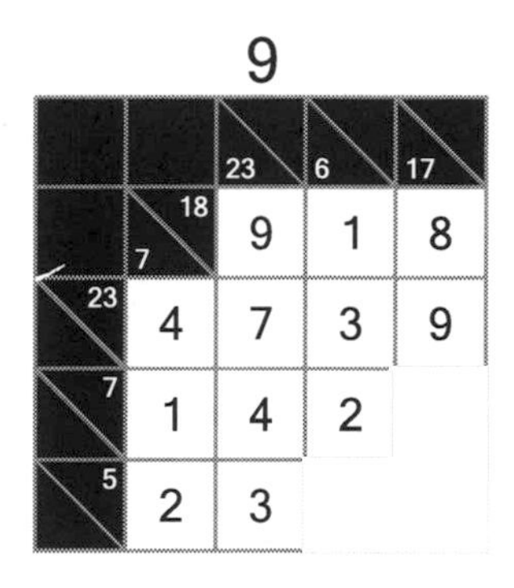

10

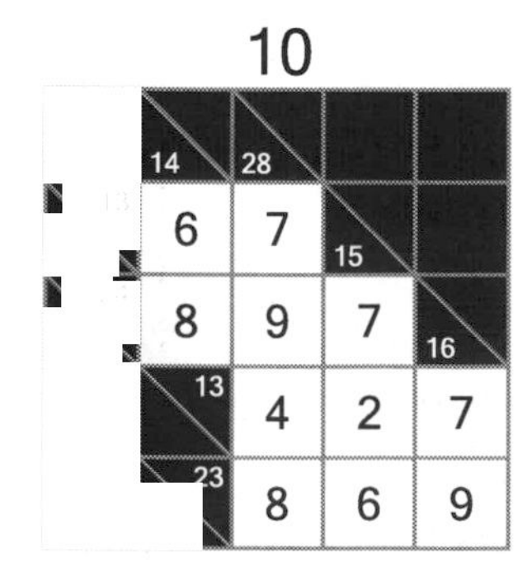

11

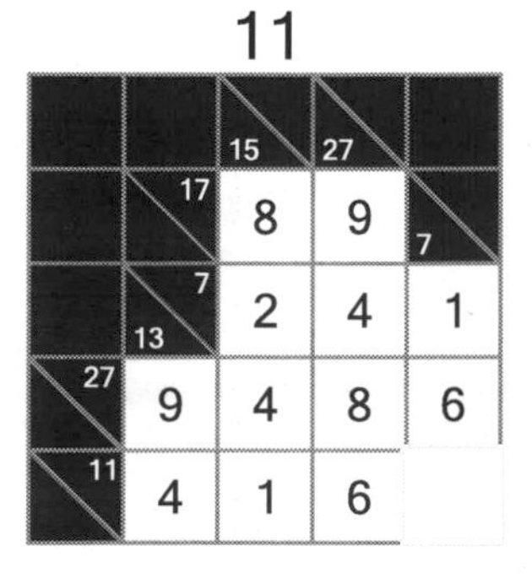

12

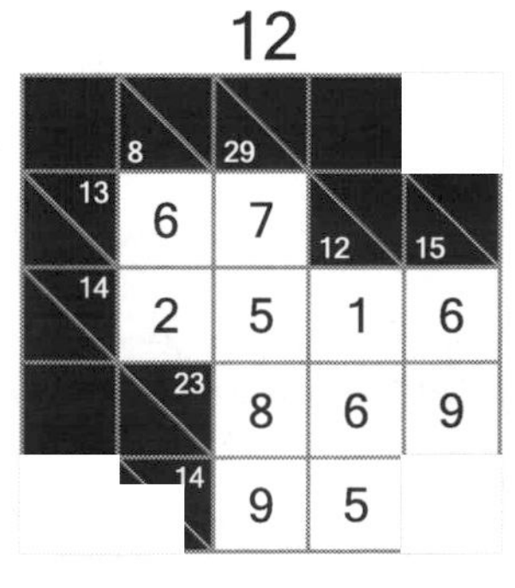

13

14

		17\	24\12	3	9
	\14	2	8	1	3
	5\11	4	7	8\	6\
\25	3	8	9	1	4
\5	2	3	\9	7	2

15

16

17

	7\	18\		13\	4\
\8	3	5	8\7	4	3
\22	4	3	5	9	1
	4\3	1	2	5\	13\
\17	3	7	1	2	4
\3	1	2	\12	3	9

18

19

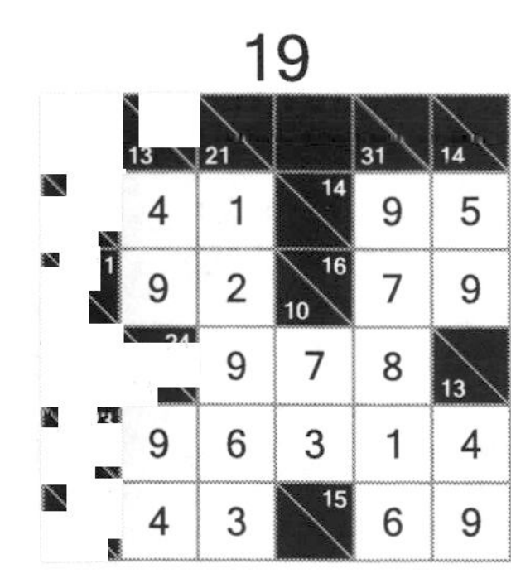

20

				16\	10\
		10\	18\16	7	9
	11\20	3	7	9	1
\7	4	1	2	11\	4\
\22	6	4	9	2	1
\3	1	2	\12	9	3

21

	3\	16\		30\	7\
\3	1	2	12\15	9	6
\16	2	4	3	6	1
	11\18	1	9	8	6\
\8	2	6	\8	3	5
\12	9	3	\5	4	1

22

23

	14\	16\		30\	12\
\7	6	1	4\11	4	7
\24	8	6	3	2	5
	17\12	3	1	8	10\
\13	9	4	\9	7	2
\10	8	2	\17	9	8

24

25

		27\			28\	
\17	8	9	\15	6	9	17\
	2	7	26\19	2	8	9
\10	1	2	7	\4	3	1
\24	7	8	9	14\5	2	3
	\25	1	6	9	5	4
		\10	4	5	1	■

26

		27\				
■	12\22	6	7	9	12\	18\
\37	9	8	5	7	2	6
\5	3	2	21\	\4	1	3
■	16\5	1	4	11\5	4	1
\38	7	3	9	6	5	8
\29	9	7	8	5	■	■

27

		23\				
\4	3	1	8\15	1	9	5
\29	9	8	5	2	4	1
■	\6	4	2	3\	5	2
■	3\16	5	1	2	8	16\
\3	1	2	\17	1	7	9
\5	2	3	■		2	7

28

	6\	25\			23\	13\
\10	4	6	10\	\5	1	4
\10	2	1	7	12\11	2	9
	\12	2	1	5	4	■
	3\20	4	2	6	8	3\
	1	3	\8	1	5	2
	2	9	■	\4	3	1

29

	7\	38\		14\	26\	
\11	2	9	21\14	8	6	29\
\36	5	8	9	6	1	7
■	16\11	6	5	\16	7	9
\18	6	5	7	9\13	5	8
\16	9	7	\14	6	3	5
\4	1	3	\7	3	4	■

30

	5\	21\		5\	21\	
\13	4	9	21\5	1	4	16\
\27	1	5	2	4	6	9
■	\16	7	9	9\	2	7
■	5\	6\7	4	2	1	
\19	1	5	6	4	3	
\5	4	1	\8	3	5	

31

			3\	18\	30\	5\
		18\11	1	3	5	2
	1	5	2	7	9	3
	2	3	\6	2	4	■
\10	3	7	7\4	1	3	4\
	\20	2	4	5	8	1
	\4	1	3	\4	1	3

32

	6\	20\		17\	27\	14\
\12	4	8	\12	8	3	1
\8	2	6	12\21	9	7	5
■	17\4	3	1	\3	1	2
\13	8	2	3	15\14	8	6
\26	9	1	8	6	2	■
■	■	■	\15	9	6	■

33

		31\	26\		29\	
■	17\3	1	2	\11	9	2
\17	8	2	7	8\	2	1
\24	9	4	8	2	1	
■	16\27	7	9	6	5	16\
\17	9	8	■	\3	4	9
\16	7	9	■		8	7

34

		33\	23\		14\	16\
	\4	1	3	19\16	9	7
	\22	3	4	1	5	9
	\20	8	7	5	■	■
\24	5	7	9	3	17\	12\
	3	5	\23	6	8	9
	7	9		4	9	3

35

		28\	5\			
■	17\5	2	3	6\	29\	26\
\28	7	9	2	1	5	4
\4	1	3	16\20	5	6	9
\10	2	1	7	16\17	9	8
\34	4	8	9	7	1	5
	3	5		9	8	■

36

	4\	29\		10\	22\	
\10	1	9	\4	1	3	13\
\8	3	5	26\15	9	4	2
■	\15	6	9	\10	7	3
■	8\12	4	8	15\	5	7
\21	5	3	4	6	2	1
	3	2	5	9	1	

37

	5	1		3	1
	9	2	1	7	3
1	3		6	9	
3	6	1		6	8
6	8	9	2	5	7
		5	6	8	9

38

3	6	2	1		
6	7	1	3	2	4
1	2			4	7
2	8			7	9
	3	8	9	1	2
	1	2	8		

39

	9	5		9	7
7	4	2	5	8	9
9	8	4	7	5	
	7	8	9		
5	6		6	9	8
7	5		8	7	9

40

4	6			5	8
9	5	2	1	3	4
	7	4	2	1	
	4	1		8	1
3	2		1	4	2
9	3		2	6	

41

2	4	9			3	5
6	2	3	4	8	9	1
7	9		6	7		
8	6	9			3	1
4	3	1	2		4	3
9	8	4	3	5	1	6
	1	2		8	5	

42

		1	2		7	9
		4	8	9	1	7
	1	8	7	3	2	
1	2	7	9	6		
8	6	9		2	1	4
4	8		2	4	3	1
2	4		1	8		

43

		4	1	2		
1	6	9	2	8	5	3
2	7			6	8	2
	8	9		9	6	
1	3	6	2		1	5
3	4	8	6	1	2	9
	1	2		5	9	

44

	1	3	8			
4	6	8	9	3	1	7
7	8	9		5	7	9
9	2			9	5	
8	4		9	6		
1	7	2	3	8	5	9
	9	7			9	7

45

1	5		9	3	5	1
2	9	1	6	5	4	3
		2	5			
2	4		1	2		
8	7	1	2	4	5	
1	2	4		1	2	4
	1	2			1	2

46

	5	9	8		5	7
8	6	7	9		6	5
9	1	3		5	3	
	3	8		3	9	
		5	3		8	7
3	1	4	9	8	2	5
9	2			5	4	

47

8	9		7	9		
2	5	9	4	6	8	7
	3	5	1		3	6
7	1	6			7	9
9	7			3	9	
3	8	4	7	1	6	2
8	6	1	4		2	1

48

49

8	9		6	9	8	
9	3	5	1	6	7	4
	7	9		7	2	1
	1	2			9	2
	2	8		1	3	
8	5	4	2	7	6	9
9	8	7	5		5	3

50

	9	5	3	7		
7	6	4	5	9	1	2
9	8	7			5	8
1	3				8	9
	5	1		8	9	
9	7	2	4	1	3	8
2	1		8	7	2	9

51

	2	7		2	1	4
6	9	8	4	1	3	2
1	4	9	7	3		
	1	3		7	9	
9	5			8	4	
1	7	9	2		5	4
		8	4		7	9

52

	2	6		1	3	7
7	4	9	8	3	5	1
8	9		9	6	8	
1	5			8	9	
2	1	5	7		1	7
4	8	7	9	1	2	3
	7	9		6	7	

53

9	5				7	9
5	6	7	1		3	4
6	7	9	5		6	8
1	2			1	4	2
	9	4		2	8	
1	4	2	6	7	9	3
2	8	3	9		2	1

54

	3	4	1		1	3
7	5	1	3	6	4	8
5	4			3	2	6
1	2			1	3	
2	8			4	5	6
	7	4	8	2	6	3
	1	2	4			

55

1	3		9	7	1	
2	4	1	8	6	3	7
7	9	3			8	9
4	8			1	2	
		3	1	8	4	2
1	7	2	3	9	6	5
3	6			5	9	1

56

	1	2	8		2	1
1	2	3	9		1	3
9	8			9	3	8
8	7		9	7	5	
	5	2	7	8		
2	6	1		1	7	4
1	9			4	9	8

57

9	7			2	1	8	
5	6		2	1	8	7	
1	2	7	4	8		1	2
	1	4			1	2	7
7	9				8	9	
9	4			8	7		
	8	1	6	4	5	7	3
	5	4	3			8	7

58

1	5	3	4		8	1	
4	3	1	2		2	3	7
	6	8		7	4	6	9
7	2	6	8	9	3	5	
8	1	2	9		6	9	
	8	7				8	7
1	7	9	6	2	3	4	5
3	9		8	1	5	2	

59

1	8		1	2		9	2
2	4		2	9	8	7	1
	5	2			9	5	
9	3	6	4	2		2	5
7	6		8	9		6	9
	2	9	3		2	8	
6	7	8	2	5	3	4	9
2	9			2	1	3	5

60

61

	3	2			9	1	2
2	9	8	6	4	7	5	1
6	7		4	2			
	1	3				5	3
2	8	4			5	2	1
5	2	9	7	8	1	3	
1	5		9	6	3	7	1
4	6			9	6	1	2

62

		8	6			1	2
3	1	9	8	6	2	4	7
7	9		2	1	4	5	9
	6	1	9	2		9	8
	8	6			6	8	
1	3			5	1	2	7
3	2	1	5	8	7	6	9
		2	3	9			

63

	5	6	7			7	6
5	2	4	1	3	7	6	9
6	8		5	7	9	8	
	7	5	9			9	5
5	6	7	8			5	1
1	3			6	9		
	1	5	9	3	8	6	7
	9	6	7	8		7	5

64

4	3			1	5	2	
1	4	6	3	2	9	7	
6	9	8	2			8	6
	8	2	1		6	9	4
	2	1			4	5	
5	1		6	4		1	8
6	5	1	8	9	7	4	3
	6	8			8	3	

65

7	6		9	7	6	4	
2	1		6	9	2	3	7
5	2	1				1	6
8	7	6	2	1		6	9
9	8		6	2	1	8	
6	5	1		8	6	9	
	9	4	8	6		2	1
			6	5		7	3

66

3	7		2	6		2	7
7	9		6	9		7	9
1	3	2	7		3	1	
	4	3	9	1	7	5	
	6	9		3	1	4	7
	1	7	2			3	9
7	5	1	8	3	2	9	
9	2			2	1	8	

67

	1	3		3	7		
	3	9	1	7	8	5	6
3	6		8	9		2	1
8	9		7	8		1	7
	4	8	9		1	4	
	8	7	4		2	7	9
	5	9		1	9	3	7
	2	1		4	8	9	

68

8	5		9	8			
9	7		7	6	9	2	8
	8	2			7	8	1
	4	3	6	1	2		
	2	6	1	4	8		
4	1				1	4	
2	9	7	1	4	6	8	5
		8	5	9		9	8

69

5	3		5	7		7	8
3	4	5	7	6	1	2	9
	6	3			7	6	
5	9					8	5
3	1	6	9			3	4
	8	5	6	7	9	4	
9	7		5	9	8	1	3
1	5		8	3		9	5

70

7	3			9	8	6	
9	6	1	7	5	4	3	8
	2	9	8		3	8	9
6	8		9	8	6	7	
9	1		6	2			
	5	9			5	9	
7	4	6	1	3	8	2	9
5	9		2	9		7	5

71

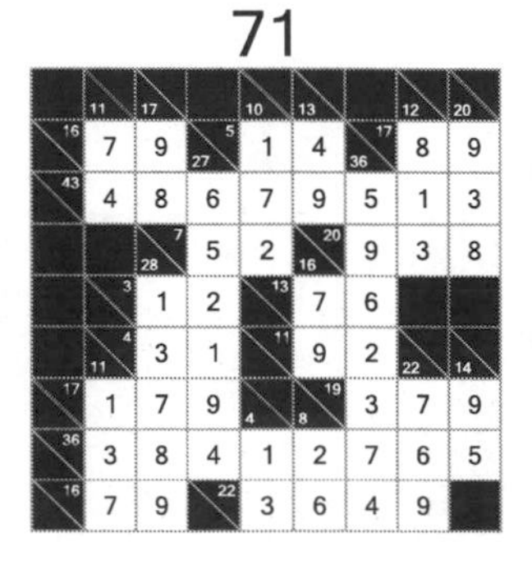

7	9		1	4		8	9
4	8	6	7	9	5	1	3
		5	2		9	3	8
	1	2		7	6		
	3	1		9	2		
1	7	9			3	7	9
3	8	4	1	2	7	6	5
7	9		3	6	4	9	

72

			7	3	8	5	
8	7	9	4	1	3	2	5
9	6	7	8			3	1
	1	6			8	4	
6	2		5	7	9	8	
5	8	7	3	9		7	9
4	3	9	1	5	7	6	8
7	9				5	1	

73

			2	6			1	8	
	7	5	1	9	6	8	2	4	
	2	4			2	9		3	9
		9	8	7				6	7
		8	1	2		6	4	1	
	7	2		8	6	4	9	7	
	1	3		4	9			9	2
		1	3		8	3	9	5	1
		6	9		3	1	8		

74

			4	9			5	1	
			2	4	8	1	9	5	
		2	1	7	9	3		2	3
		8	9					4	8
	9	7			9	4		6	9
	7	5	1	6	8	2		3	7
	8	1	2	7			5	9	
		6	7		5	9	4	7	
		9	8		4	7			

75

	5	1					9	6	
	9	5			7	5	4	8	9
		3	7	8	9	1	5	4	6
		2	1	9			8	9	
	4	9				3	7		
	2	4		1	5	2	9	3	4
				4	2			4	2
	4	3	8	5	9	2	1	6	
	2	1	4			1	3	2	

77

		9	4		1	7		8	2
	4	6	5	8	7	9		2	4
	5	7	6	9			2	9	
			2	7	1	8	3	5	
	2	6			2	9	8	7	
	1	3					4	3	
	3	2		9	3			1	9
		7	9	8	2	1	5	4	3
		1	4			4	3		

78

79

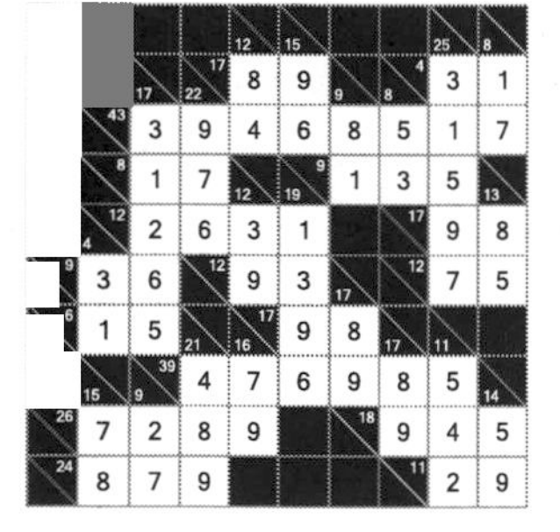

80

		8	1	6		1	3		
	8	1	3	2		3	4	8	1
	1	7		3	8		8	9	3
		3	9	1	7	8	6	5	
		2	5		1	3		3	5
			6	8			3	1	9
	3	5	2	9	1	7	4	6	
	5	9	1		3	9	7	2	1
	1	2					9	7	2

81

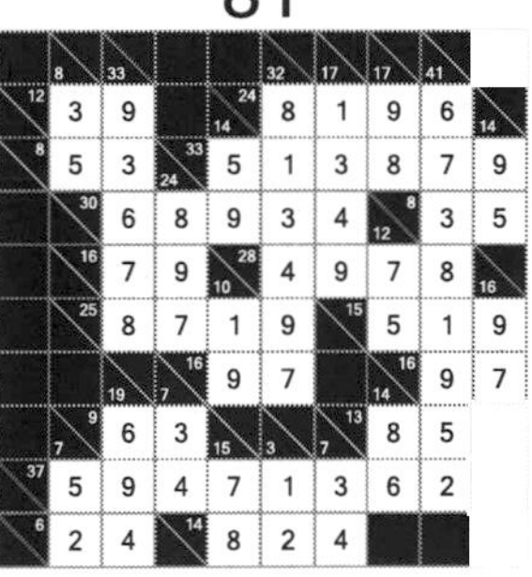

83

	9	8					1	7	
	7	3	8	6		1	6	9	
		6	3	5		6	9		
		7	9	8	3	4	5	1	2
	9	1		9	1			7	9
	7	2	3			7	9		
		4	1	3		9	8	1	
			9	8	2	4	7	3	1
			6	1	3			9	7

84

85

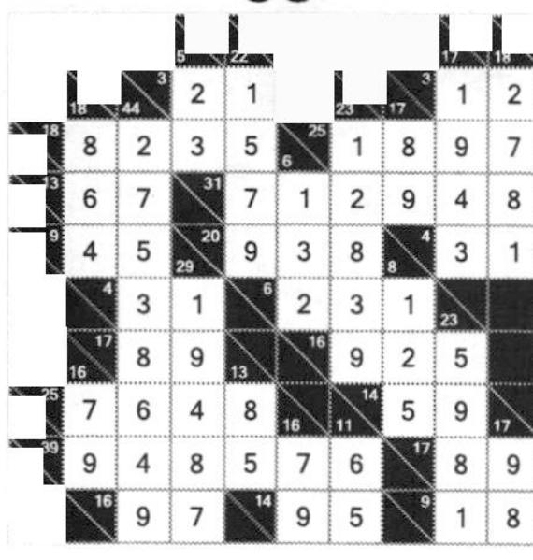

		2	1				1	2
8	2	3	5		1	8	9	7
6	7		7	1	2	9	4	8
4	5		9	3	8		3	1
	3	1		2	3	1		
	8	9			9	2	5	
7	6	4	8			5	9	
9	4	8	5	7	6		8	9
	9	7		9	5		1	8

86

		1	4				2	6
4	8	3	7	9		5	9	7
2	4		1	5	8	2	7	
5	2				6	9		
	5	3	9		9	7		
	7	8	5	9		6	9	
		1	2	6		8	7	9
4	1	2	8		9	3	1	7
9	6				7	1		

87

	6	9	7	8			1	2
	1	6	9	4	7	2	3	8
1	2				9	1	2	
2	7	9	3			8	9	
	8	3	1	5	2	9		
2	3			3	1	5	4	9
3	5			8	9		1	3
8	9	2	4	6	5	1	3	
		1	6			2	7	

88

		9	8				6	3
8	9	7	3	4	6		3	1
6	4		9	8	3	6	7	
1	2		7	9		3	2	1
9	3					8	1	3
	5	6			9	7		
	6	8	1		6	2		
8	7	9	2	1		1	2	3
9	8		9	7		5	1	2

89

	3	7	1			3	2	1
	4	9	8	2	6	5	1	3
2	9			3	9	8	5	
3	2			1	3			
		9	5	4	8	6	7	
	9	8	3			1	2	
9	8	4				8	9	
8	4	2	9	1	6		3	9
		1	6	3	4		1	3

90

5	6		1	9	5	6		
1	3		3	5	4	9	6	
	5	9				8	9	
7	1	5	8	9			1	8
8	7		3	4	8		8	9
			4	8	9		2	6
3	7		1	3		6	7	
8	4	9	2	6	7	1	3	
	3	7			9	5		

91

1	2	9				6	2	
2	6	4	1	9		8	4	
	4	8	2	7	9		9	3
	1	3		3	2		8	5
		1	2			5	3	
3	4	7	9	1	6	8	5	
2	9			2	9		6	9
1	2	9	4		8	6	1	3
		4	1		3	9		

92

4	1			8	1	2		
9	8	6	5	7	3	4	2	
		4	9			3	6	4
			2	7			7	9
8	7	6	1	4	3		4	1
6	8	1		6	2		1	2
	1	2			1	2		
6	2		1	4	9	7	6	2
9	6		2	5			9	6

93

1	2					1	8	
3	1	7	2		8	9	4	1
		8	6	9	1	3	7	5
1	2			5	3		9	2
2	7	8			6	2		
	5	6	1	8	7	3	9	
8	9		3	1		9	8	6
1	3	2	8		8	4	6	9
	1	3	2		3	1		

94

	3	1			5	8	6	9
	1	7			7	9	8	5
7	4	3	2	6		1	4	
1	2		1	2	4		9	8
		1	4	8	6		7	9
2	1	5	9			9	2	3
4	8					2	1	
	9	8	1	6	2	4	3	
	2	9	3	7	5	1		

95

	4	8	9				5	9
	2	7	4	1	5	9	3	6
9	8			3	9	7		
7	1	9				8	7	
	6	5	3	7		6	8	
6	7		7	9		4	5	1
3	5	7	6		8	3	6	5
	3	2	8	6	4	1	9	
			9	7		5	3	

96

		7	5	2	3			
6	2	9	7	1	5	3	4	
7	9					2	7	4
	4	1				7	5	8
	1	2	8	9		1	3	
			1	5	9		1	8
	2	7		1	8		2	3
1	4	3	8	6			9	7
7	1		9	8			8	9

97

9 7 9 3 4 7
7 4 7 9 3 1 7 8
3 1 5 7 5 8 9
9 4 5 8 9
3 1 5 8 9
3 2 4 1 7 9
2 7 3 1 6 2
3 1 4 2 1 3 6
1 8 5 7 8 9 7 9
9 8 3 6 3 7

98

2 5 1 4
5 2 1 3 4 7 5 9 7
7 5 1 3 4 5 1
3 8 1 3 8 2
2 1 3 4 6 4 8
1 4 2 3 1 3
7 1 6 1 4 3
2 7 9 6 5 1 3 1
1 9 2 3 2 1 7 6 4
2 1 2 5

99

1 7 7 4 9 2
1 7 3 8 9 5 2 6 4
7 9 9 1 1 3
4 2 1 2 9 7 7 9
2 3 4 4 2 1 7
1 2 4 5 5 6
8 6 7 3 4 1 9
1 7 9 1 3 8
5 2 1 8 3 2 7
8 5 6 1 6 9

100

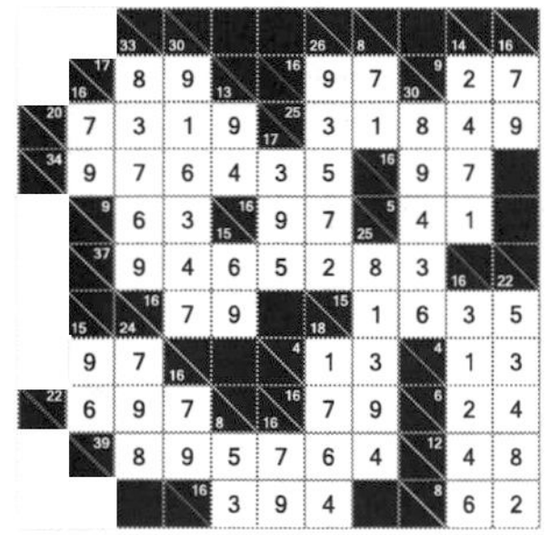

8 6 3 1 3
1 6 4 8 5 3 2 8 9
3 9 2 1 8 5 9 7
1 4 7 9
4 8 1 3 9
8 9 2 1 3 5 7 8
3 8 9 7 1 3
8 7 8 9 8 1 9
7 3 1 4 1 3 2 6 9
8 2 9 8 9 2 3

101

5 9 1 6 1 3
6 1 5 3 2 8 9 7
1 2 3 7 6 5 9 8
9 3 1 6 7 9 3 8 5
1 6 2 5 9 5 2
9 7 1 3
8 9 5 1 3 6
5 2 8 9 4 8 9
3 1 8 6 9 6 9 7 8
9 3 1 2 3 1

102

6 9 1 7 7 9
1 2 3 7 4 9 1 2 7
4 1 2 5 1 9
4 3 3 8 2 6
1 5 2 1 5 8 6
3 1 5 2 6 8 7 2
9 7 6 7 9
1 2 4 5 2 9 6 8
9 7 8 5 1 2 7 4 3
7 8 3 1

103

8 9 9 7 2 7
7 3 1 9 3 1 8 4 9
9 7 6 4 3 5 9 7
6 3 9 7 4 1
9 4 6 5 2 8 3
7 9 1 6 3 5
9 7 1 3 1 3
6 9 7 7 9 2 4
8 9 5 7 6 4 4 8
3 9 4 6 2

104

9 5 9 8
5 7 8 9 8 5 9 4
7 5 2 3 1 4 2
8 9 1 6 5 7 2
1 6 2 3 1 9 6 4
2 8 3 8 9 1 6
5 2 9 2 4 3
2 4 1 5 6 6 8 2
1 2 1 5 3 8 9 7 4
7 1 1 9

105

1 2 7 3 2 2 1
3 1 9 4 7 5 1 3 2
9 3 1 9 2 4
5 4 2 3 9 1 5 3
3 7 1 3 2 9 1
1 3 1 6
9 4 7 5 6 7 1
4 2 8 9
9 5 6 7 8 4 6 1 7
1 9 7 6 8 6 9

106

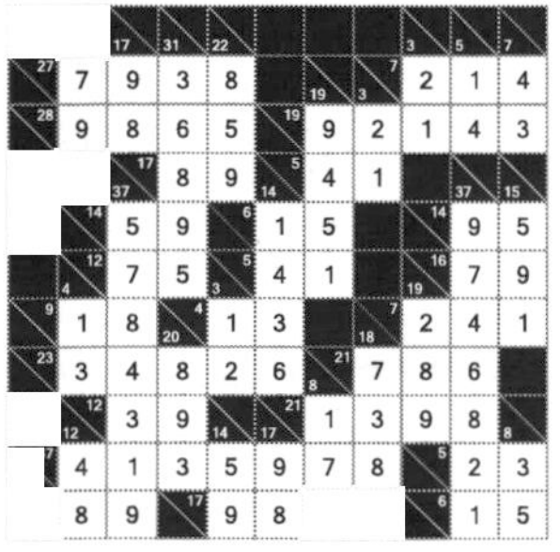

7 9 3 8 2 1 4
9 8 6 5 9 2 1 4 3
8 9 4 1
5 9 1 5 9 5
7 5 4 1 7 9
1 8 1 3 2 4 1
3 4 8 2 6 7 8 6
3 9 1 3 9 8
4 1 3 5 9 7 8 2 3
8 9 9 8 1 5

107

6 8 5 4 3
5 8 7 2 4 6 3 9 5
8 9 9 7 6 8 5
9 7 9 3 5 7
7 1 6 8 9
7 4 3 9 6 8 4 6 3
5 9 4 9 1 2 3
3 9 6 2 3
7 5 3 1 9 8 1 5
9 1 7 3 9 5 8

108

3 1 2 1 8 9
9 3 2 5 4 6 1 6 8
5 1 6 8 7 3 4 2
2 4 1 8 8 9
7 6 1 7 5
5 7 3 1 2 1 2 6 8
1 2 9 4 1 8 2 6
9 8 1 2 4 7 9
3 1 8 6 2 1 3
8 3 6 3 7 8

109

110

111

112

113

114

115

116

117

118

119

120

121

0	1	1	0	1	1	0
0	0	1	1	0	1	1
1	0	0	1	1	0	1
1	1	0	0	1	1	0
0	1	1	0	0	1	1
1	0	1	1	0	0	1
1	1	0	1	1	0	0

122

0	1	1	0	0	1
1	0	0	1	1	0
0	0	1	1	0	1
0	1	1	0	1	0
1	0	0	1	0	1
1	1	0	0	1	0

123

1	1	0	0	1	0	1	0
0	0	1	0	1	0	1	1
0	1	0	1	0	1	0	1
1	0	1	0	1	0	1	0
0	0	1	1	0	1	0	1
0	1	0	0	1	1	0	1
1	0	1	1	0	0	1	0
1	1	0	1	0	1	0	0

124

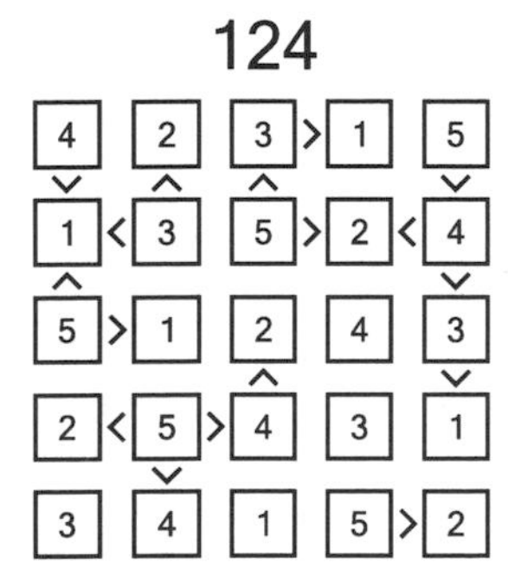

125

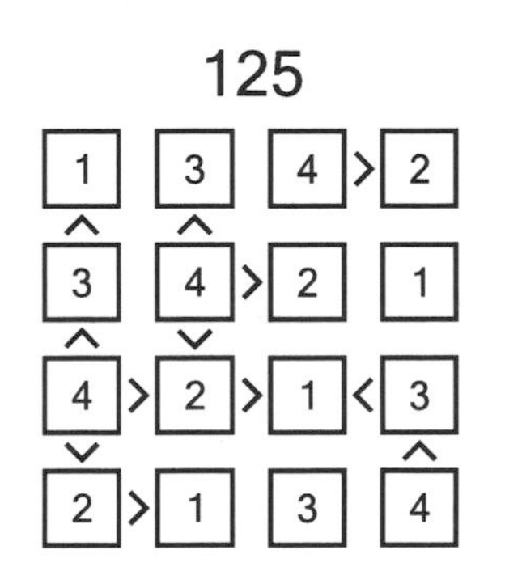

126

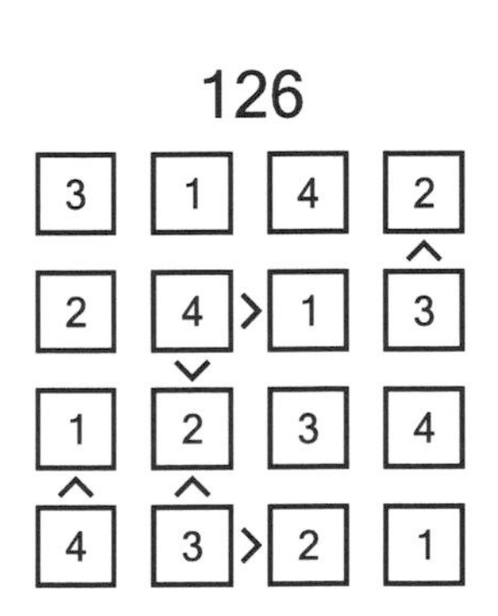

127

3	4	6	7	8	2	1	5
1	2	8	5	7	6	3	4
8	7	3	4	1	5	6	2
2	5	1	6	3	7	4	8
7	1	2	3	4	8	5	6
4	6	5	8	2	1	7	3
6	3	7	2	5	4	8	1
5	8	4	1	6	3	2	7

128

3	6	1	2	4	7	5	8
5	8	4	7	1	6	2	3
1	3	7	8	6	5	4	2
4	5	2	6	7	3	8	1
7	1	3	4	8	2	6	5
6	2	8	5	3	4	1	7
8	4	5	3	2	1	7	6
2	7	6	1	5	8	3	4

129

6	8	4	1	5	3	2	7
5	2	7	3	6	1	4	8
3	7	6	4	2	5	8	1
1	5	2	8	7	6	3	4
2	1	3	6	4	8	7	5
8	4	5	7	3	2	1	6
7	3	1	5	8	4	6	2
4	6	8	2	1	7	5	3

130

3	4	2	6	5	1
2	3	1	5	6	4
6	5	4	2	1	3
1	6	5	4	3	2
4	1	6	3	2	5
5	2	3	1	4	6

131

6	2	5	1	4	3
3	6	2	4	5	1
4	1	3	5	2	6
5	4	1	3	6	2
2	3	4	6	1	5
1	5	6	2	3	4

132

1	6	2	4	3	5
3	5	6	1	4	2
2	1	5	3	6	4
4	2	3	5	1	6
6	4	1	2	5	3
5	3	4	6	2	1

133

2	4	3	1
1	2	4	3
4	3	1	2
3	1	2	4

134

5	4	2	3	1
1	3	4	5	2
2	5	3	1	4
4	1	5	2	3
3	2	1	4	5

135

2	1	4	3	5
5	4	1	2	3
4	3	2	5	1
3	2	5	1	4
1	5	3	4	2

136

2	1	3	4	5	6
4	5	6	3	1	2
5	4	1	2	6	3
3	6	2	5	4	1
1	3	4	6	2	5
6	2	5	1	3	4

137

3	2	6	4	1	5
5	4	1	6	3	2
4	1	3	5	2	6
6	5	2	3	4	1
1	6	4	2	5	3
2	3	5	1	6	4

138

3	1	2	5	4	6
5	4	6	1	3	2
4	5	1	6	2	3
6	2	3	4	5	1
2	6	5	3	1	4
1	3	4	2	6	5

139

H	A	B	C	F	D	G	E
F	D	E	G	H	A	C	B
D	G	H	F	C	E	B	A
A	E	C	B	D	H	F	G
B	H	G	D	E	C	A	F
C	F	A	E	G	B	H	D
G	C	D	A	B	F	E	H
E	B	F	H	A	G	D	C

140

B	F	D	A	C	E
A	E	C	B	D	F
D	B	A	F	E	C
E	C	F	D	B	A
F	D	E	C	A	B
C	A	B	E	F	D

141

F	A	D	B	C	E
E	C	B	A	F	D
A	E	C	F	D	B
B	D	F	E	A	C
C	B	A	D	E	F
D	F	E	C	B	A

Please post a positive review on Amazon,
if you loved solving the puzzles in this book.

Thank you,

Nick

Made in the USA
San Bernardino, CA
20 September 2018